レディーのための旅する中国語会話

山口 雪江 著

金星堂

本書について

　本書は、マイペースに効率よく旅を楽しみたい女性のために、中国旅行のサポートツールとして作成されたものです。従来の史跡巡りから、都市型のおしゃれを楽しむ・リラックスや癒しを求める旅へと変化してきている現代の旅スタイルに合わせています。

本書のポイント
①小さなバッグにも入るハンディ軽量タイプなので、どこへでも手軽に持ち運べます。
②奥様や恋人をエスコートしたい男性にもお使いいただけます。

PART Ⅰ　ひとことフレーズ

旅先で使用頻度の高い、ひとことで言えるフレーズを紹介します。

PART Ⅱ　パターンで覚えるフレーズ

単語を置き換えるだけで表現を増やせる、使用頻度の高い文型を紹介します。

PART III シーン別役立ちフレーズ

シーン
女性が喜ぶシーンを厳選。各シーンに合った写真を背景に入れ、一目で情景が思い浮かぶように工夫しました。

発音表記
中国語が初心者の方にはカタカナ表記を、少し学んだことのある方にはピンイン表記を用意しました。

フレーズ
思い通りに旅を進めるための主張型フレーズがメインです。現地の人との対話を想定し、短くシンプルなフレーズで構成しました。

単 語
各シーンに関連する単語を用意しました。単語を入れ替えることで、より幅広く自分の想いが伝えられます。

コラム
旅先には不安がつきもの。そんな不安を解消させるアドバイス的コラムを適所に入れています。

PART IV 知っておきたい中国情報

旅をする際に最低限知っておきたい中国情報を紹介します。

巻末単語帳

各シーンの重要単語を、シーンごとに分かりやすくまとめました。

3

旅の前の Q&A

旅の前の Q&A

Q 屋台の食べ物は食べても大丈夫？

A 初めて中国へ行った人は必ず一度は下痢をするとジョークで言われますが、衛生状況は悪くありません。屋台のものも大丈夫です。しかし、言葉の通じない旅先では、いつも以上に緊張し体も疲れやすくなりますから、特に冷たい物や火の通っていない物は控えた方が良いでしょう。氷も要注意です。

Q 女性の一人歩きは大丈夫？

A 意外に治安の良い中国。もちろん女性の一人歩きは問題ありません。街では遅くまで人々が夕涼みや夜食を楽しむ姿が見られます。地方の小都市でも、子供連れで遅くまで出歩く人々の多さに驚かされます。とはいえ、人気の少ない夜道を避け、常に周りに注意して動くようにしましょう。

Q 英語は通じるの？

A 北京などの街では、ごく一部のタクシーや商店で多少英語が通じるようになりましたが、まだ一般的ではありません。しかし、高級ホテルや高級レストランなどではほぼ使えます。特に外資系の高級ホテルでは、中国語を話すお客さんにも、スタッフが英語で話しかけることを徹底するところもあるほどです。

Q 水道水は飲める？

A 水道水は現地の人はそのままでも飲みますが、沸かして飲むのが一般的です。中国のホテルの部屋には必ず湯沸かしポットと茶葉が置いてあり、中級以上のホテルなら蒸留水、高級ホテルならミネラルウオーターのサービスがあります。蒸留水も暑い季節や辺境地では沸かしてから使いましょう。

Q 気になるトイレ事情は？

A かつては悪評高い中国のトイレでしたが、現在都市部では個室の水洗式が普及し、日本とあまり変わりません。ただ、観光地では有料の場合が多いので（5角～1元）、小銭を持っておくと便利です。また、都市部のホテルではペーパーは水に流せますが、ホテル以外の多くでは備え付けのカゴに捨てるのが一般的です。流すと詰まりの原因になるので注意しましょう。

Q クレジットカードは使えるの？

A 都市のショッピングセンター、デパート、ホテル、免税店、観光地の土産屋などではクレジットカードはほぼ使えますが、露店や屋台などではほとんど使えません。地方でも、観光地の高級ホテルなら使えますが、地元のデパートでは使えないところもありますから、常に現金を用意しておいた方が安心です。

CONTENTS

旅の前のQ&A ・・・・・・4

PART I　ひとことフレーズ

1　基本のあいさつ ・・・・・・12
2　一言でこたえる ・・・・・・13
3　一言でたずねる ・・・・・・14
4　呼びかける ・・・・・・15
5　言葉に困ったとき ・・・・・・16

PART II　パターンで覚えるフレーズ

1　お願いする ・・・・・・18
2　控えめにお願いする ・・・・・・19
3　許可を得る ・・・・・・20
4　場所をたずねる ・・・・・・21
5　行き方をたずねる ・・・・・・22
6　有無をたずねる ・・・・・・23
7　要望を伝える ・・・・・・24

PART III　シーン別役立ちフレーズ

1. 素敵にenjoy――ホテル活用編
1　チェックイン ・・・・・・26
2　お部屋でリクエスト ・・・・30
3　ルームサービスを頼む ・・・・35
4　コンシェルジュにたずねる ・・・36
5　チェックアウト ・・・・・・40

2. 上級のおしゃれ──ショッピング編

1 値段交渉＆リクエスト ・・・・・・44
2 試着する ・・・・・・・・・・50
3 チャイナドレスをオーダーする・・・54
4 真珠・玉のアクセサリーを買う・・・60
5 シノワズリ小物
　・ファブリックを買う ・・・・・・62
6 CDや本を買う・・・・・・・・・66
7 郵送手配・・・・・・・・・・・68

3. 女力アップ──癒し＆リフレッシュ編

1 マッサージ店にて ・・・・・・・72
2 エステ店にて ・・・・・・・・76

4. 健康に美しく──茶芸・飲食編

1 レストランにて ・・・・・・・・82
2 薬膳料理を食べる ・・・・・・・86
3 茶館にて茶芸に親しむ ・・・・・88
4 お茶の葉を買う・・・・・・・・92
5 美容健康の漢方薬を調合する ・・・94

5. 歴史文化に触れる──エンタメ・観光＆ナイトライフ編

1 観光名所へ行く ・・・・・・・98
2 中国芸術に親しむ ・・・・・・102
3 流行のバーにて ・・・・・・・106
4 写真を撮ってもらう ・・・・・・109
5 道をたずねる ・・・・・・・・110

6. 気軽にアクセス——乗り物編

　1　飛行機の手配　・・・・・・114
　2　チェックイン　・・・・・116
　3　機内にて　・・・・・・119
　4　入国審査　・・・・・・122
　5　手荷物引き取り　・・・・123
　6　税関にて　・・・・・・124
　7　両替　・・・・・・・・125
　8　バスに乗る　・・・・・126
　9　列車に乗る　・・・・・127
　10　タクシーに乗る　・・・・130

7. 中国人と話そう——コミュニケーション編

　1　ネットでつながる　・・・・136
　2　出会い　・・・・・・・138
　3　誘う　・・・・・・・・140
　4　断る　・・・・・・・・141
　5　気持ちを伝える　・・・・143

8. こんなときどうしたらいいの!?——トラブル編

　1　事故　・・・・・・・・146
　2　故障　・・・・・・・・148
　3　乗り遅れる　・・・・・149
　4　盗難　・・・・・・・・150
　5　紛失・忘れ物　・・・・151
　6　病気　・・・・・・・・152

PART Ⅳ 知っておきたい中国情報

中国基礎データ
1 人口　・・・・・・・154
2 面積　・・・・・・・154
3 宗教　・・・・・・・154
4 気候　・・・・・・・154
5 電圧と電気プラグ形式　・・155
6 日本との時差　・・・・155
7 電話のかけ方　・・・・155
8 警察・救急　・・・・・156
9 数字　・・・・・・・156
10 お金　・・・・・・・156
11 日付　・・・・・・・156
12 時間　・・・・・・・157
13 時刻　・・・・・・・157
14 言語　・・・・・・・157
15 文字　・・・・・・・157

プチ中国語講座　中国語文型の特徴・・・158

単語

- ホテル ・・・・・26
- ホテルの備品・・・・31
- アメニティ・・・・・33
- エンタメ・・・・・36
- 洋服 ・・・・・45
- サイズ ・・・・・51
- 寸法 ・・・・・55
- 色 ・・・・・57
- 素材・柄・・・・・59
- アクセサリー・・・・61
- ファブリック製品 ・・64
- 工芸小物 ・・・・・65
- 体の部位・・・・・75
- 肌の悩み・・・・・77
- エステメニュー・・・78
- コスメ・・・・・・80
- 生活用品・・・・・80
- 食べ物・・・・・・83
- 味覚 ・・・・・87
- お茶の種類 ・・・91
- お酒の種類 ・・・・108
- 方角 ・・・・・112

- ●旅の必需品　・・・・117
- ●飲み物・・・・・・121
- ●乗り物・・・・・126
- ●病気・怪我の症状・・153
- ●空港・・・・・・・118
- ●手荷物・・・・・・123
- ●パソコン用語・・・・137

コラム

- ●中国ではチップは必要？・・・・・・・・・・28
- ●ホテルでの注意
  －部屋に入ったらまず備品チェック－　・・・・・29
- ●おしゃれ人に人気の店　・・・・・・・・・38
- ●ふっかけられないための値切りのコツは？・・・・47
- ●偽物・不良品を見極めよう！・・・・・・・53
- ●女性を美しく見せるチャイナドレス　・・・・・56
- ●中国でも「お客様は神様」！？・・・・・・・63
- ●重い荷物はレディに似合わない
  －CD郵送の注意－　・・・・・・・・・・70
- ●マッサージにまつわるあれこれ　・・・・・・73
- ●食のマナー
  －麺は音を立てない！？－　・・・・・・・・85
- ●中国茶の楽しみ　・・・・・・・・・・・90
- ●よく使われる茶具　・・・・・・・・・・91
- ●中国でタブーなこと　・・・・・・・・・・99
- ●伝統芸能を観るならば　・・・・・・・・・103
- ●乗り物の手配とリコンファーム　・・・・・・115
- ●空港のタクシー事情・・・・・・・・・・131
- ●タクシーを快適に利用するには？・・・・・・133
- ●楽しい列車の旅　・・・・・・・・・・・134
- ●人民元の両替と手数料　・・・・・・・・・134
- ●親切で素朴な中国の人々　・・・・・・・・139
- ●女性の身の守り術！意思表示はキッパリと！・・144

巻末単語帳・・・・・・・・・・・・・160

PART I
ひとことフレーズ

● ● ● ひとことフレーズ

①基本のあいさつ

こんにちは

ニイハオ
你好。
Nǐhǎo.

ありがとう

シエシエ
谢谢。
Xièxie.

どういたしまして

ブークーチ
不客气。
Búkèqi.

ごめんなさい

トエブチイ
对不起。
Duìbuqǐ.

大丈夫です

ブーヤオチン
不要紧。
Búyàojǐn.

さようなら

ザイジエン
再见。
Zàijiàn.

12

②一言でこたえる

はい
トエ　シー
对。/ 是。
Duì.　Shì.

いいえ
ブーシー
不是。
Búshì.

いります
ヤオ
要。
Yào.

いりません
ブーヤオ
不要。
Búyào.

あります
ヨー
有。
Yǒu.

ありません
メイヨー
没有。
Méiyǒu.

● ● ● ひとことフレーズ

③一言でたずねる

いつ?
シェンマ シーホウ
什么时候?
Shénme shíhou?

どこ?
ナール
哪儿?
Nǎr?

どちらさま?
ナーウェイ
哪位?
Nǎwèi?

何?
シェンマ
什么?
Shénme?

なぜ?
ゼンマ
怎么?
Zěnme?

どれ?
ネイガ
哪个?
Něige?

④呼びかける

誰かいますか
ヨー レン マ
有人吗？
Yǒu rén ma?

すいません
マーファン ニー
麻烦你。
Máfan nǐ.

ちょっとお尋ねします
チン ウェン
请问。
Qǐng wèn.

男性スタッフを呼ぶ
シエンション
先生！
Xiānsheng！

女性スタッフを呼ぶ
シャオジエ
小姐！
Xiǎojiě！

職人系の人を呼ぶ
（運転手、コックなど）
シーフ
师傅！
Shīfu！

15

●●● ひとことフレーズ

⑤言葉に困ったとき

もう一度言ってください

チン ザイ シュオー イーピエン
请 再说 一遍。
Qǐng zài shuō yíbiàn.

ゆっくり話してください

チン マンディアル シュオー
请 慢点儿 说。
Qǐng màndiǎnr shuō.

（聞いて）分かりません

ティンブトン
听不懂。
Tīngbudǒng.

ここに書いてください

チン シエザイ チェール
请 写在 这儿。
Qǐng xiě zài zhèr.

日本語は話せますか

ホイジャン リーユィー マ
会讲 日语 吗？
Huì jiǎng Rìyǔ ma?

日本語を話せる人はいますか

ヨー ホイジャン リーユィーダ レン マ
有 会讲 日语的人 吗？
Yǒu huì jiǎng Rìyǔde rén ma?

PART II
パターンで覚えるフレーズ

パターンで覚えるフレーズ

①お願いする

　　　　　してください

チン　　　　　　　　　イーシャア
请　　　　　　　　　一下。
Qǐng　　　　　　　　yíxià

見て	カン 看 kàn
書いて	シエ 写 xiě
教えて	チャオ　ウォー 教　我 jiāo　wǒ
手伝って	バン　ウォー 帮　我 bāng　wǒ
停まって	ティン 停 tíng

18

②控えめにお願いする

	していただけますか？
ノン ブ ノン **能不能** ▢▢▢ ? Néng bu néng	?

安くして	ピエンイ　イーディアル **便宜　一点儿** piányi　yìdiǎnr
探して	バン ウォー チャオ **帮　我　找** bāng　wǒ　zhǎo
別のものに換えて	ホアン ピエダ **换　别的** huàn　bié de
会って	ジエンミエン **见面** jiànmiàn
紙ナプキンを 持ってきて	ゲイ ウォー ツァンジン **给　我　餐巾** gěi　wǒ　cānjīn

パターンで覚えるフレーズ

③許可を得る

_____ してもいいですか？

カーイ　　　　　　　　　マ
可以 _____ 吗？
Kěyǐ　　　　　　　　　ma?

写真を撮っても	チャオシャン 照相 zhàoxiàng
触っても	モー 摸 mō
開けても	ダーカイ 打开 dǎkāi
試着しても	シーチュアン 试穿 shìchuān
たばこを吸っても	チョウイェン 抽烟 chōuyān

④場所をたずねる

　　　　　　　　　はどこですか？

　　　　　　ザイ　ナール
　　　　　　在 哪儿？
　　　　　　zài　nǎr?

お手洗い	シーショウジエン **洗手间** xǐshǒujiān
レジ	ショウインタイ **收银台** shōuyíntái
試着室	シーチュアンジエン **试穿间** shìchuānjiān
エレベーター	ディエンティー **电梯** diàntī
インフォメーション	ウェンシュンチュウ **问讯处** wènxùnchù

パターンで覚えるフレーズ

⑤行き方をたずねる

　　　　　　　　へはどう行きますか？

去　　　　　　　怎么 走？
Qù　　　　　　　zěnme zǒu?
　　　　　　　　ゼンマ ゾウ
チュイ

ここ（地図を指しながら）	这儿 zhèr チェール
最寄りの地下鉄駅	最近的 地铁站 zuì jìn de dìtiězhàn ズイジン ダ ディーティエチャン
最寄りのバス停	最近的 公交车站 zuì jìn de gōngjiāochēzhàn ズイジン ダ ゴンジャオチャーチャン
郵便局	邮局 yóujú ヨウジュイ
銀行	银行 yínháng インハン

⑥有無をたずねる

_____はありますか。

有 ____ 吗？
ヨー　　　マ
Yǒu　　　ma?

時間	シージエン 时间 shíjiān
看板料理	チャオパイツァイ 招牌菜 zhāopái cài
色違い	ピエダ　イェンスー 别的　颜色 bié de　yánsè
新しいもの	シンダ 新的 xīn de
禁煙席	ジンイェン　ズオウェイ 禁烟　座位 jìnyān　zuòwèi

パターンで覚えるフレーズ
⑦要望を伝える

_____ をください

ウォー ヤオ
我 要 _____
Wǒ yào

これ	チェイガ 这个 zhèige
あれ	ネイガ 那个 nèige
一つ	イーガ 一个 yí ge
二つ	リャンガ 两个 liǎng ge
同じもの	イーヤン ダ 一样 的 yíyàng de

PART III

**シーン別
役立ちフレーズ**

1. 素敵に enjoy
　　——ホテル活用編

ホテル

ショッピング

癒し

飲食

エンタメ

乗り物

コミュニケーション

トラブル

素敵に enjoy——ホテル活用編

1 チェックイン

| チェックインをしてください | 请办 住房 登记。
Qǐng bàn zhùfáng dēngjì.
チン バン ジュウファン ドンジー |

| 予約しています | 我 有 预订。
Wǒ yǒu yùdìng.
ウォー ヨー ユーディン |

| パスポートを見せてください | 让我 看 一下 护照。
Ràng wǒ kàn yíxià hùzhào.
ラン ウォー カン イーシャア フーチャオ |

| こちらが予約表です | 这是 订房 确认单。
Zhè shì dìngfáng quèrèndān.
チェーシー ディンファン チュエレンダン |

単語：ホテル

ロビー	大厅	dàtīng	ダーティン
フロント	前台	qiántái	チエンタイ
レストラン	餐厅	cāntīng	ツァンティン
エレベーター	电梯	diàntī	ディエンティー
非常口	紧急出口	jǐnjí chūkǒu	ジンジー チューコウ
ルームキー	钥匙	yàoshi	ヤオシ

日本語	中文	ピンイン	カナ

こちらにご記入ください
请 填 一下 表。
Qǐng tián yíxià biǎo.
チン ティエン イーシャア ビャオ

デポジットをお願いします
请 先付 押金。
Qǐng xiān fù yājīn.
チン シエンフー ヤージン

このカードをお使い下さい
请 用 这张 信用卡。
Qǐng yòng zhèzhāng xìnyòngkǎ.
チン ヨン チェーチャン シンヨンカー

両替できますか
能 换钱 吗?
Néng huànqián ma?
ノン ホアンチエン マ

日本語	中文	ピンイン	カナ
ルームナンバー	房间号码	fángjiān hàomǎ	ファンジエン ハオマー
シングルルーム	单人间	dānrénjiān	ダンレンジエン
ツインルーム	双人间	shuāngrénjiān	シュアンレンジエン
スイートルーム	套房	tàofáng	タオファン
スタンダードルーム	标准间	biāozhǔnjiān	ビャオジュンジエン
ダブルベッド	双人床	shuāngrénchuáng	シュアンレンチュアン

素敵に enjoy——ホテル活用編

ホテル ショッピング 癒し 飲食 エンタメ 乗り物 コミュニケーション トラブル

| 朝食付きですか | 房费里 包括 早餐 吗？
ファンフェイリ バオクオ ザオツァン マ
Fángfèili bāokuò zǎocān ma? |

| 朝食付きです | 包括 早餐。
バオクオ ザオツァン
Bāokuò zǎocān. |

| 朝食は含まれていません | 不 包括 早餐。
ブー バオクオ ザオツァン
Bù bāokuò zǎocān. |

| 朝食は何時からですか | 早餐 几点 开始？
ザオツァン ジーディエン カイシー
Zǎocān jǐdiǎn kāishǐ? |

| チェックアウトは何時ですか | 几点 退房？
ジーディエン トゥイファン
Jǐdiǎn tuìfáng? |

中国ではチップは必要？

中国大陸では、ホテルやレストランの通常のサービスの範囲内のことでしたら、チップはいりません。無理なお願いをしたり、特段重い荷物を運んでもらったなどの場合は、10元くらい渡すとよいでしょう。駅などのポーターを利用する場合は代金を支払う必要があります。

日本語を話せる人はいますか	有会讲日语的人吗？ Yǒu huì jiǎng Rìyǔ de rén ma?
他の部屋も見せてください	让我看看别的房间。 Ràng wǒ kànkan bié de fángjiān.
禁煙ルームにしてください	我要禁烟的房间。 Wǒ yào jìnyān de fángjiān.
貴重品を預けたいのですが	我想寄存贵重物品。 Wǒ xiǎng jìcún guìzhòngwùpǐn.
部屋に貴重品ボックスはありますか	房间里有保险柜吗？ Fángjiānli yǒu bǎoxiǎnguì ma?

ホテルでの注意 ★部屋に入ったらまず備品チェック

　経済発展とオリンピックのおかげで、都市部のホテルは施設もぐんとよくなり、高級化していますが、星数の少ないホテルや古いホテルでは、シャワーのお湯の出が悪いとか、トイレの流れが悪いとか、さまざまな小さなトラブルが発生することもあります。

　部屋に入ったら、まず設備を確認して、気になるところはすぐに改善してもらうか、場合によっては部屋を換えてもらいましょう。

素敵に enjoy——ホテル活用編

② お部屋でリクエスト

エアコンが壊れています
空调 坏了。
コンティアオ ホアイ ラ
Kōngtiáo huài le.

電灯が点きません
电灯 点不着。
ディエンドン ディエンブジャオ
Diàndēng diǎnbuzháo.

お湯が出ません
不出 热水。
ブーチュー ルーシュイ
Bùchū rèshuǐ.

シャワーが止まりません
淋浴 停不下来。
リンユィー ティンブシャアライ
Línyù tíngbuxiàlái.

シャワーが出ません
淋浴 不 出水。
リンユィー ブー チューシュイ
Línyù bù chūshuǐ.

ホテル ショッピング 癒し 飲食 エンタメ 乗り物 コミュニケーション トラブル

30

石けんが
ありません

没有 香皂。
メイヨー　シャンザオ
Méiyǒu xiāngzào.

単語：ホテルの備品

テレビ	电视	diànshì	ディエンシー
ベッド	床	chuáng	チュアン
机	桌子	zhuōzi	チュオーズ
電話	电话	diànhuà	ディエンホア
エアコン	空调	kōngtiáo	コンティアオ
シャワー	淋浴	línyù	リンユィー
トイレ	厕所	cèsuǒ	ツォースオ
ハンガー	衣架	yījià	イージァア
ポット	热水壶	rèshuǐhú	ルーシュイフー
コップ	杯子	bēizi	ベイズ
プラグ	插头	chātóu	チャートウ
コンセント	插座	chāzuò	チャーツオ
リモコン	遥控器	yáokòngqì	ヤオコンチー
灰皿	烟灰碟	yānhuīdié	イェンホイディエ
カーテン	窗帘	chuānglián	チュアンリエン
枕	枕头	zhěntou	ジェントウ
シーツ	床单	chuángdān	チュアンダン
毛布	毛毯	máotǎn	マオタン

素敵に enjoy——ホテル活用編

ホテル | ショッピング　癒し　飲食　エンタメ　乗り物　コミュニケーション　トラブル

| トイレット
ペーパーが
なくなりました | 手纸 没有 了。
ショウジー　メイヨー　ラ
Shǒuzhǐ méiyǒu le. |

| 便せんと
葉書が
ありません | 没有 信纸 和 明信片。
メイヨー　シンジー　ホォー　ミンシンピエン
Méiyǒu xìnzhǐ hé míngxìnpiàn. |

| 熱いお湯を持っ
てきてください | 请 送来 热开水。
チン　ソンライ　ルーカイシュイ
Qǐng sònglai rèkāishuǐ. |

| すぐに人を寄こ
してください | 马上 派人 来。
マーシャン　パイレン　ライ
Mǎshàng pàirén lái. |

| どちら様ですか | 是 哪位？
シー　ナーウェイ
Shì nǎwèi? |

| お入りください | 请 进。
チン　ジン
Qǐng jìn. |

32

使い方を教えてください	チン ガオス ウォー ゼンマヨン 请 告诉 我 怎么用？ Qǐng gàosu wǒ zěnme yòng?
隣がうるさいです	ガービー タイ チャオ 隔壁 太 吵。 Gébì tài chǎo.
部屋を換えていただけますか	ノン ホアン ファンジエン マ 能 换 房间 吗？ Néng huàn fángjiān ma?

単語：アメニティ

日本語	中国語	ピンイン	カナ
シャンプー	洗发液	xǐfàyè	シーファーイェー
リンス	护发素	hùfàsù	フーファースー
石鹸	香皂	xiāngzào	シャンザオ
タオル	毛巾	máojīn	マオジン
バスタオル	浴巾	yùjīn	ユィージン
くし	梳子	shūzi	シューズ
ドライヤー	吹风机	chuīfēngjī	チュイフォンジー
歯ブラシ	牙刷	yáshuā	ヤーシュアー
歯磨き粉	牙膏	yágāo	ヤーガオー
トイレットペーパー	卫生纸	wèishēngzhǐ	ウェイションジー
スリッパ	拖鞋	tuōxié	トゥオーシエ
かみそり	剃刀	tídāo	ティーダオ

素敵にenjoy——ホテル活用編

ホテル

ショッピング　癒し　飲食　エンタメ　乗り物　コミュニケーション　トラブル

今都合が悪いです

シエンザイ ブー ファンピエン
现在 不 方便。
Xiànzài bù fāngbiàn.

掃除は後にしてくれますか

ノン グオ イーホイル ザイ ダーサオ マ
能 过一会儿 再 打扫 吗？
Néng guò yíhuìr zài dǎsǎo ma?

出かけます

ウォー ヤオ チューチュイ
我 要 出去。
Wǒ yào chūqu.

掃除をしてください

チン ダーサオ バ
请 打扫 吧。
Qǐng dǎsǎo ba.

明朝7時にモーニングコールをください

ミンティエン ザオシャン チーディエン チンジャオザオ
明天 早上 七点 请叫早。
Míngtiān zǎoshang qīdiǎn qǐngjiàozǎo.

クリーニングをお願いします

チンバー チェージエン イーフ シーイーシャア
请把 这件 衣服 洗一下。
Qǐng bǎ zhè jiàn yīfu xǐ yíxià.

部屋に鍵を忘れてしまいました

ウォー バー ヤオシ ワンザイ ファンジエンリ ラ
我 把 钥匙 忘在 房间里 了。
Wǒ bǎ yàoshi wàngzài fángjiānli le.

❸ ルームサービスを頼む

今からルームサービスをお願いできますか
现在 可以 要 送餐 吗？
Xiànzài kěyǐ yào sòngcān ma?

どれくらい時間がかかりますか
要 多长 时间？
Yào duōcháng shíjiān?

できるだけ早くお願いします
请 尽量 快 一点儿。
Qǐng jǐnliàng kuài yìdiǎnr.

二人分お願いします
要 两份儿。
Yào liǎngfènr.

フルーツ盛り合わせはありますか
有 水果 拼盘 吗？
Yǒu shuǐguǒ pīnpán ma?

ここに置いてください
请 放在 这儿。
Qǐng fàngzài zhèr.

頼んだものと違います
这 不是 我 点 的。
Zhè búshì wǒ diǎn de.

素敵に enjoy——ホテル活用編

ホテル／ショッピング／癒し／飲食／エンタメ／乗り物／コミュニケーション／トラブル

4 コンシェルジュにたずねる

| ①/②を紹介してください | チン ゲイウォー ジエシャオ イーシャア
请 给我 介绍 一下 ①/②
Qǐng gěi wǒ jièshào yíxià |

| ①近くの美味しいレストラン | フージン ダ ハオチーダ ツァンティン
附近的 好吃的 餐厅
fùjìnde hǎochī de cāntīng |

| ②地元の方に人気のレストラン | ショウ ダンディーレン ホアンインダ ツァンティン
受 当地人 欢迎的 餐厅
shòu dāngdìrén huānyíng de cāntīng |

| どんな料理がいいですか | ニー シーホアン シェンマ ツァイ
你 喜欢 什么 菜？
Nǐ xǐhuan shénme cài? |

単語：エンタメ

雑技	杂技	zájì	ザージー
京劇	京剧	jīngjù	ジンジュイ
バー	酒吧	jiǔbā	ジュウバ
カラオケ	卡拉OK	kǎlāOK	カーラーオーケー
ショッピングモール	购物中心	gòuwùzhōngxīn	ゴウウーチョンシン
デパート	百货商店	bǎihuòshāngdiàn	バイフオシャンディエン

| 四川料理が食べたいです | 我 想 吃 川菜。
Wǒ xiǎng chī Chuāncài.
ウォー シャン チー チュアンツァイ |

| 値段は高くてもかまいません | 价格 贵 一点儿 也 可以。
Jiàgé guì yìdiǎnr yě kěyǐ.
ジャーガー グイ イーディアル イェー カーイー |

| 雑技はどこで見られますか | 杂技 在 哪儿 能 看到?
Zájì zài nǎr néng kàndào?
ザアジー ザイ ナール ノン カンダオ |

| 近いのはここです | 离 这儿 最近的 是 这里。
Lí zhèr zuìjìn de shì zhèli.
リー チェール ズイジンダ シー チェーリ |

美術館	美术馆	měishùguǎn	メイシューグアン
博物館	博物馆	bówùguǎn	ボーウーグアン
エステ	美容	měiróng	メイロン
市場	市场	shìchǎng	シーチャン
コンビニ	便利店	biànlìdiàn	ビエンリーディエン
飲茶	饮茶	yǐnchá	インチャー

素敵に enjoy——ホテル活用編

チケットは手配できますか
能代办戏票吗？
Néng dài bàn xìpiào ma?

ガイドが同行しますか
有导游吗？
Yǒu dǎoyóu ma?

京劇を見るにはどの劇場がいいですか
看京剧去哪个戏院好？
Kàn jīngjù qù něige xìyuàn hǎo?

チャイナドレスはどこで買えますか
旗袍在哪儿能买到？
Qípáo zài nǎr néng mǎidào?

おしゃれ人に人気の店

　中国の若い人に人気の遊び場は、一般的にはまだクラブやカラオケですが、ニューリッチが増えた昨今では、モダンな一軒家風レストランやバーが増えてきました。また、伝統的な中国邸宅であった古い四合院や20世紀初頭に建てられた古い洋館を改造したレストランやバーもどんどん出来てきました。
　こうした店は一般的な店よりかなり高額ですが、洗練された設えとサービスを求めるスタイリッシュな美男美女あるいは芸能人など、成功したおしゃれな人々に大変人気で、新しい中国のエネルギーを感じられるスポットとなっています。もちろん外国人も楽しめますので、お勧めです。

ブランド物の洋服はどこで買えますか	名牌 衣服 在哪儿 能 买到？ Míngpái yīfu zài nǎr néng mǎidào?
マッサージを呼びたいのですが	我 想 叫 按摩。 Wǒ xiǎng jiào ànmó.
何時にご利用ですか	您 几点 要？ Nín jǐdiǎn yào?
夜十時です	晚上 十点。 Wǎnshang shí diǎn.
その時間は予約がとれません	那个 时间 不能 订。 Nèige shíjiān bùnéng dìng.
マッサージルームへ行かれますか	你 去 按摩室 吗？ Nǐ qù ànmóshì ma?
お部屋で受けますか	你 希望 在 房间里 按摩 吗？ Nǐ xīwàng zài fángjiānli ànmó ma?
部屋でお願いします	我 要 在 房间里 按摩。 Wǒ yào zài fángjiānli ànmó.

素敵に enjoy——ホテル活用編

5 チェックアウト

| チェックアウトをします | 我 想 退房。
Wǒ xiǎng tuìfáng. |

| 荷物を取りに来てくれますか | 能 派 人 来 取 行李 吗？
Néng pài rén lái qǔ xíngli ma? |

| スーツケース二つです | 两个 旅行箱。
Liǎng ge lǚ xíngxiāng. |

| 1011号室です | １０１１号 房间。
Yāo líng yāo yāo hào fángjiān. |

| 一日早く発ちたいです | 我 想 提早 一天 出发。
Wǒ xiǎng tízǎo yìtiān chūfā. |

| 一日延長したいです | 我 想 延长 一天。
Wǒ xiǎng yáncháng yìtiān. |

| こちらが明細表でございます | 这 是 清单。
Zhè shì qīngdān. |

ご確認下さい	请 确认 一下。 Qǐng quèrèn yíxià.
はい、結構です	好的，可以。 Hǎo de, kěyǐ.
冷蔵庫のものは使用していません	冰箱里的 东西 我 没用。 Bīngxiāngli de dōngxi wǒ méi yòng.
これは何の費用ですか	这 是 什么 费用？ Zhè shì shénme fèiyòng?
計算違いのようです	好像 算错了。 Hǎoxiàng suàncuò le.
もう一度確認してくださいますか	能不能 再 确认 一下？ Néng bu néng zài quèrèn yíxià?
お支払いはカードですか	你用 信用卡 付 吗？ Nǐ yòng xìnyòngkǎ fù ma?

素敵に enjoy——ホテル活用編

ホテル　ショッピング　癒し　飲食　エンタメ　乗り物　コミュニケーション　トラブル

日本語	中国語	ピンイン
このカードは使えますか	这个信用卡可以用吗？	Zhèige xìnyòngkǎ kěyǐ yòng ma?
現金で払います	我用现金付。	Wǒ yòng xiànjīn fù.
カードをお預かりします	让我刷一下信用卡。	Ràng wǒ shuā yíxià xìnyòngkǎ.
こちらにサインをしてください	请在这儿签字。	Qǐng zài zhèr qiānzì.
またのお越しをお待ちしております	欢迎您再来。	Huānyíng nín zàilái.
荷物を預かっていただけますか	能寄存行李吗？	Néng jìcún xíngli ma?
部屋に荷物を忘れました	我把东西忘在房间里了。	Wǒ bǎ dōngxi wàngzài fángjiānli le.

PART **III**

**シーン別
役立ちフレーズ**

2. 上級のおしゃれ
　　——ショッピング編

ホテル
ショッピング
癒し
飲食
エンタメ
乗り物
コミュニケーション
トラブル

上級のおしゃれ──ショッピング編

① 値段交渉&リクエスト

ホテル / **ショッピング** / 癒し / 飲食 / エンタメ / 乗り物 / コミュニケーション / トラブル

いらっしゃいませ
欢迎 光临。
ホアンイン グアンリン
Huānyíng guānglín.

何かお探しですか
您 找 什么？
ニン チャオ シェンマ
Nín zhǎo shénme?

これはいくらですか
这个 多少 钱？
チェイガ ドゥオシャオ チエン
Zhèige duōshao qián?

高いですね
很 贵。
ヘン グイ
Hěn guì.

少し安くなりませんか
能 便宜 一点儿 吗？
ノン ピエンイ イーディアル マ
Néng piányi yìdiǎnr ma?

44

最低価格です	这 是 最低 价格。
	チェー シー ズイディー ジャーガー
	Zhè shì zuìdī jiàgé.

単語：洋服

スカート	裙子	qúnzi	チュンズ
ズボン	裤子	kùzi	クーズ
ワンピース	连衣裙	liányīqún	リエンイーチュン
上着	上衣	shàngyī	シャンイー
コート	大衣	dàyī	ダーイー
Tシャツ	T恤	Txù	ティーシュウ
ブラウス	衬衫	chènshān	チェンシャン
セーター	毛衣	máoyī	マオイー
カーディガン	对襟毛衣	duìjīnmáoyī	ドゥイジンマオイー
パンスト	长丝袜	chángsīwà	チャンスーワー
靴下	袜子	wàzi	ワーズ
ストール	围襟	wéijīn	ウェイジン
パジャマ	睡衣	shuìyī	シュイイー
ブラジャー	胸罩	xiōngzhào	ションチャオ
パンツ	内裤	nèikù	ネイクー
くつ	鞋	xié	シエ
サンダル	凉鞋	liángxié	リャンシエ
ハイヒール	高跟鞋	gāogēnxié	ガオゲンシエ

上級のおしゃれ——ショッピング編

ホテル | ショッピング | 癒し | 飲食 | エンタメ | 乗り物 | コミュニケーション | トラブル

見ているだけです
我 只是 看看。
Wǒ zhǐshì kànkan.

やめておきます
不要 了。
Búyào le.

取り置きできますか
能 给我 留一下 吗？
Néng gěi wǒ liú yíxià ma?

少し考えます
我 再 考虑 一下。
Wǒ zài kǎolǜ yíxià.

後でまた来ます
回头 再来。
Huítóu zàilái.

気に入りました
我 看中 了。
Wǒ kànzhòng le.

日本語	中国語	ピンイン
二つで百元なら買います	两个 一百块 的话 就买。	Liǎngge yìbǎi kuài de huà jiù mǎi.
日本円で払えますか	能 用 日元 付 吗？	Néng yòng Rìyuán fù ma?
カードは使えますか	这 张 信用卡 能 用 吗？	Zhè zhāng xìnyòngkǎ néng yòng ma?
おつりが違います	钱 找错 了。	Qián zhǎocuò le.
レジはどこですか	收银台 在 哪儿？	Shōuyíntái zài nǎr.

カナ表記：リャンガ イーバイ クアイ ダ ホア ジウ マイ／ノン ヨン リーユエン フー マ／チェーチャン シンヨンカー ノン ヨン マ／チエン チャオツオ ラ／ショウインタイ ザイ ナール

ふっかけられないための値切りのコツは？

　デパートや高級品売場では、値段は表示された価格で決まっていますので、値切ることはできません。しかし、みやげ屋、宝石店、ブティックなど街のほとんどの店では、まず表示価格で買う人はいません。自分の眼力に自信がない場合、まず提示された金額の半額以下を言って店員の表情を観ると良いです。ふっかけすぎていなければ、店員が大いに慌ててそんな金額はあり得ないと本気の顔になります。

上級のおしゃれ——ショッピング編

色違いはありますか	有 别的 颜色 吗？ Yǒu bié de yánsè ma?
在庫はありますか	有 存货 吗？ Yǒu cúnhuò ma?
手に取ってみていいですか	可以 拿着 看看 吗？ Kěyǐ názhe kànkan ma?
プレゼントです	这 是 礼物。 Zhè shì lǐwù.
きれいにラッピングしてください	请 好好儿 包装。 Qǐng hǎohāor bāozhuāng.
別々に包んでください	请 分别 包 一下。 Qǐng fēnbié bāo yíxià.
手提げ袋をください	请 给 我 手提袋。 Qǐng gěi wǒ shǒutídài.

日本語	中国語	ピンイン
ここが汚れています	这儿 有点儿 脏。	Zhèr yǒudiǎnr zāng.
他のものに替えてください	请 换 别的。	Qǐng huàn bié de.
返品させてください	我 想 退货。	Wǒ xiǎng tuìhuò.
新しいのをください	请 给 拿 新的。	Qǐng gěi ná xīn de.
何時に閉店ですか	几点 关门？	Jǐdiǎn guānmén?
開店は何時ですか	几点 开门？	Jǐdiǎn kāimén?

２ 試着する

あれを見せてください

请 给 我 看看 那个。
チン ゲイ ウォー カンカン ネイガ
Qǐng gěi wǒ kànkan nèige.

これを買います

我 买 这个。
ウォー マイ チェイガ
Wǒ mǎi zhèige.

私のサイズに合いますか

你 看 这个 号 适合 我 吗？
ニー カン チェイガ ハオ シーホォー ウォー マ
Nǐ kàn zhèige hào shìhé wǒ ma?

試着していいですか

可以 试穿 吗？
カーイー シーチュアン マ
Kěyǐ shìchuān ma?

試着室はどこですか

试穿间 在 哪儿？
シーチュアンジエン ザイ ナール
Shìchuānjiān zài nǎr?

日本語	中国語	ピンイン	カナ

ここがきついです
这里 有点儿 紧。
Zhèli yǒudiǎnr jǐn.
(チェーリ ヨウディアル ジン)

ちょっと大きいみたいです
这里 好像 有点儿 大。
Zhèli hǎoxiàng yǒudiǎnr dà.
(チェーリ ハオシャン ヨウディアル ダー)

もう少し小さいサイズはありますか
有没有 再小 一点儿 的？
Yǒuméiyǒu zài xiǎo yìdiǎnr de?
(ヨーメイヨー ザイシャオ イーディアル ダ)

サイズを直してもらえますか
能给 改 尺寸 吗？
Néng gěi gǎi chǐcùn ma?
(ノンゲイ ガイ チィツン マ)

どれくらい時間がかかりますか
要 多长 时间？
Yào duōcháng shíjiān?
(ヤオ ドゥオチャン シージエン)

単語：サイズ

S	小号	xiǎohào	シャオハオ
M	中号	zhōnghào	チョンハオ
L	大号	dàhào	ダーハオ
LL	特号	tèhào	テェーハオ
大きい	大	dà	ダー
小さい	小	xiǎo	シャオ

上級のおしゃれ——ショッピング編

ホテル / ショッピング / 癒し / 飲食 / エンタメ / 乗り物 / コミュニケーション / トラブル

| いくらかかりますか | 要 多少 钱？
ヤオ ドゥオシャオ チエン
Yào duōshao qián? |

| これは派手すぎます | 这个 太 艳。
チェイガ タイ イエン
Zhèige tài yàn. |

| 地味すぎます | 这个 太 素。
チェイガ タイ スウー
Zhèige tài sù. |

| この色は好きではありません | 我 不 喜欢 这个 颜色。
ウォー ブー シーホアン チェイガ イエンスー
Wǒ bù xǐhuan zhèige yánsè? |

| 他の形はありますか | 有 别的 样子的 吗？
ヨー ビエダ ヤンズダ マ
Yǒu bié de yàngzi de ma? |

| この素材は何ですか | 这 是 什么 料子 做的？
チェー シー シェンマ リャオズ ズオダ
Zhè shì shénme liàozi zuò de. |

| 似合いますか | 合适 吗？
ホォーシー マ
Héshì ma? |

52

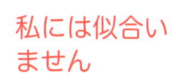

| 私には似合いません | チェイガ ドゥイ ウォー ブー ホォーシー
这个 对 我 不 合适。
Zhèige duì wǒ bù héshì. |

| イメージと違いました | ゲン ウォー シャンシャン ダ ブー イーヤン
跟我 想像 的 不 一样。
Gēn wǒ xiǎngxiàng de bù yíyàng. |

| これと同じのを5枚ください | ウォー ヤオ ウーチャン ゲン チェイガ イーヤンダ
我 要 五张 跟 这个 一样的。
Wǒ yào wǔ zhāng gēn zhèige yíyàng de. |

偽物・不良品を見極めよう！

　ブランド物製品の偽物は厳しく取り締まられていますが、まだまだ裏では多く売られています。違法ですから、街で声をかけてくる人には付いていかず、ブランド物を買うなら正規店にしましょう。
　また、シルク製品を買うときも注意が必要です。中国語でシルクは「丝绸（スーチョウ）」、レーヨンは「人造丝（レンザオスー）」ですが、観光地のおみやげ屋さんなどではシルク調のもの全てを「スーチョウ」と称し売っている店があります。100％シルクを買いたいならば「真丝（ジェンスー）」と言うと誤解がありません。買う場合は、手触りを確認してから買いましょう。その際、製品の裏もよく確認して、不良品であればその場で言って交換してもらうとトラブルになりません。

上級のおしゃれ——ショッピング編

3 チャイナドレスをオーダーする

チャイナドレスを作りたいです
我 想 定做 旗袍。
Wǒ xiǎng dìngzuò qípáo.
(ウォー シャン ディンズオ チーパオ)

何日でできますか
几天 能 做好？
Jǐtiān néng zuòhǎo?
(ジーティエン ノン ズオハオ)

三日です
要 三天。
Yào sāntiān.
(ヤオ サン ティエン)

明日できますか
明天 能 做好 吗？
Míngtiān néng zuòhǎo ma?
(ミンティエン ノン ズオハオ マ)

お急ぎの料金がかかります
那 需要 加快费。
Nà xūyào jiākuàifèi.
(ナー シューヤオ ジャークアイフェイ)

まずデザインを選んでください	请 先 选 款式。
	Qǐng xiān xuǎn kuǎnshì.
	チン シエン シュエン クアンシー

短いのがいいです	我 要 短的。
	Wǒ yào duǎn de.
	ウォー ヤオ ドゥアンダ

生地を選んでください	请 选 布料。
	Qǐng xuǎn bùliào.
	チン シュエン プーリャオ

単語：寸法

長袖	长袖	chángxiù	チャンシュウ
半袖	短袖	duǎnxiù	ドゥアンシュウ
七分袖	中袖	zhōngxiù	チョンシュウ
袖無	无袖	wúxiù	ウーシュウ
きつい	瘦	shòu	ショウ
ゆるい	肥	féi	フェイ
長い	长	cháng	チャン
短い	短	duǎn	ドゥアン
硬い	硬	yìng	イン
柔らかい	软	ruǎn	ルアン
派手	艳	yàn	イェン
地味	朴素	pǔsù	プースー

上級のおしゃれ——ショッピング編

| ホテル | ショッピング | 癒し | 飲食 | エンタメ | 乗り物 | コミュニケーション | トラブル |

この生地は着分300元です
チェイガ ブーリャオ イージエン サンバイクアイ
这个 布料 一件 三百块。
Zhèige bùliào yíjiàn sānbǎi kuài.

オーダー料金は300元です
ジャーゴンフェイ ヤオ サンバイクアイ
加工费 要 三百块。
Jiāgōngfèi yào sānbǎi kuài.

これでつくってください
チン ヨン チェイガ ブー ズオ
请 用 这个 布 做。
Qǐng yòng zhèige bù zuò.

サイズを測らせてください
ラン ウォー リャン イーシャア チーツン
让 我 量 一下 尺寸。
Ràng wǒ liáng yíxià chǐcùn.

女性を美しく見せるチャイナドレス

　チャイナドレス（旗袍　チーパオ）の原型は中国最後の王朝・清朝を支配した満州族の民族衣装です。満州族は騎馬民族、伝統的な旗袍は馬に乗りやすくするために横にスリット、下にズボンを穿き、体のラインを見せない形でした。1920年代から西洋文化の影響を受けて形が変わりはじめ、体にぴったりした今の形になったのは30年代頃です。新中国になって労働に適さずブルジョア的とされた旗袍は排除されましたが、経済発展が始まる80年代になって再び復活、さらに新進デザイナーによる斬新なスタイルまで登場するようになったのです。

襟を高くしてください	领子 做 高 一点儿。
	リンズ ズオ ガオ イーディアル
	Lǐngzi zuò gāo yìdiǎnr.

襟をあまり高くしないでください	领子 别 做 太 高。
	リンズ ビエ ズオ タイ ガオ
	Lǐngzi bié zuò tài gāo.

あまりセクシーにしすぎないでください	别 做 太 性感的。
	ビエ ズオ タイ シンガンダ
	Bié zuò tài xìnggǎn de.

単語：色

赤	红色	hóngsè	ホンスー
青	蓝色	lánsè	ランスー
黄	黄色	huángsè	ホアンスー
緑	绿色	lǜsè	リュイスー
黒	黑色	hēisè	ヘイスー
白	白色	báisè	バイスー
ピンク	粉红色	fěnhóngsè	フェンホンスー
紫	紫色	zǐsè	ズースー
オレンジ	橘色	júsè	ジュースー
グレー	灰色	huīsè	ホイスー
カーキ	卡机色	kǎjīsè	カージースー
水色	浅蓝色	qiǎnlánsè	チエンランスー
黄緑	绿黄色	lǜhuángsè	リュイホアンスー
ゴールド	黄金色	huángjīnsè	ホアンジンスー
シルバー	银色	yínsè	インスー

上級のおしゃれ——ショッピング編

| やぼったくしないでください | 別 做 太 俗气的。
Bié zuò tài súqì de. |

| 上品なのが好きです | 我 喜欢 雅致的。
Wǒ xǐhuan yǎzhì de. |

| 袖口を少し狭めてください | 袖口 再 瘦 一点儿。
Xiùkǒu zài shòu yìdiǎnr. |

| パイピングは細くしてください | 包边儿 做 窄 一点儿。
Bāobiānr zuò zhǎi yìdiǎnr. |

| 裾丈は膝下くらいにしてください | 下摆 到 膝盖 下。
Xiàbǎi dào xīgài xià. |

| ゆったりめにしてください | 做 宽舒 一点儿。
Zuò kuānshū yìdiǎnr. |

| タイトにしてください | 做 紧 贴身的。
Zuò jǐn tiēshēn de. |

ホテルに届けてください	请 送到 我的 饭店。
	Qǐng sòngdào wǒde fàndiàn.
	チン ソンダオ ウォーダ ファンディエン

明日取りに来ます	明天 来取。
	Míngtiān lái qǔ.
	ミンティエン ライチュィー

単語：素材・柄

シルク	丝绸	sīchóu	スーチョウ
天然シルク	真丝	zhēnsī	ジェンスー
レーヨン	人造丝	rénzàosī	レンザオスー
麻	麻	má	マー
綿	绵	mián	ミエン
ウール	羊毛	yángmáo	ヤンマオ
カシミア	羊绒	yángróng	ヤンロン
皮	皮革	pígé	ピーガー
ポリエステル	聚酯	jùzhǐ	ジュィジー
水玉	圆点	yuándiǎn	ユエンディエン
水玉（小さめドット）	带点	dàidiǎn	ダイディエン
花柄	花纹	huāwén	ホアーウェン
無地	素色	sùsè	スウースー
チェック	格子	gézi	グオーズ
ストライプ	条纹	tiáowén	ティアオウェン

上級のおしゃれ——ショッピング編

❹ 真珠・玉のアクセサリーを買う

ネックレスを見たいです
我想看一下项链儿。
ウォー シャン カン イーシャア シャンリャル
Wǒ xiǎng kàn yíxià xiàngliànr.

この宝石は何ですか
这是什么宝石？
チェー シー シェンマ バオシー
Zhè shì shénme bǎoshí?

これは翡翠です
这是翡翠。
チェー シー フェイツイ
Zhè shì fěicuì.

本物ですか
这是真的吗？
チェー シー ジェンダ マ
Zhè shì zhēn de ma?

着けてみていいですか
能试一试吗？
ノン シーイシー マ
Néng shì yi shì ma?

他のサイズはありますか	有 别的 号的 吗?
	Yǒu bié de hàode ma?
	ヨー ピエダ ハオダ マ

長さは調節できますか	能 调整 一下 长短 吗?
	Néng tiáozhěng yíxià chángduǎn ma?
	ノン テャオジョン イーシャア チャンドゥアン マ

単語：アクセサリー

ネックレス	项链	xiàngliàn	シャンリエン
ブレスレット	手镯	shǒuzhuó	ショウジュオ
イヤリング	耳环	ěrhuán	アルホアン
ピアス	耳钉	ěrdīng	アルディン
アンクレット	脚链	jiǎoliàn	ジャオリエン
ブローチ	胸针	xiōngzhēn	ションジェン
タイピン	饰针	shìzhēn	シージェン
ダイヤ	钻石	zuànshí	ズアンシー
真珠	珍珠	zhēnzhū	ジェンジュー
翡翠	翡翠	fěicuì	フェイツイ
ルビー	红宝石	hóngbǎoshí	ホンパオシー
サファイア	蓝宝石	lánbǎoshí	ランパオシー
トルコ石	土耳其玉石	tǔěrqí yùshí	トゥーアルチー ユーシー
プラチナ	白金	báijīn	パイジン
シルバー	银	yín	イン
ゴールド	金	jīn	ジン
１８金	18 金	shíbā jīn	シーバージン
２４金	24 金	èrshisì jīn	アルシスージン

上級のおしゃれ——ショッピング編

❺ シノワズリ小物・ファブリックを買う

ホテル｜ショッピング｜癒し｜飲食　エンタメ　乗り物　コミュニケーション　トラブル

100%シルクのものが欲しいです
我 要 百分之百 丝绸的。
Wǒ yào bǎifēnzhībǎi sīchóu de.
ウォー ヤオ バイフェンジーバイ スーチョウダ

触ってもいいですか
可以 摸 一下 吗?
Kěyǐ mō yíxià ma?
カーイー モー イーシャア マ

開けてみてもいいですか
可以 打开 看 吗?
Kěyǐ dǎkāi kàn ma?
カーイー ダーカイ カン マ

これは何に使うのですか
这 是 什么 用 的?
Zhè shì shénme yòng de?
チェー シー シェンマ ヨン ダ

もっと落ち着いた色はありますか
没有 更 素净 的 颜色 吗?
Méiyǒu gèng sùjìng de yánsè ma?
メイヨー ゲン スージン ダ イェンスー マ

もっと小さいのを探しています
我 找 更 小 一点儿的。
Wǒ zhǎo gèng xiǎo yìdiǎnr de.
ウォー チァオ ゲン シャオ イーディアルダ

62

セットで欲しいです	我要配套的。 Wǒ yào pèitào de.
こういう形のではありません	不是这样的。 Búshì zhèyàng de.
これは正絹ですか	这是真丝吗？ Zhè shì zhēnsī ma?
表はシルクです	面儿是真丝的。 Miànr shì zhēnsī de.

中国でも「お客様は神様」!?

　かつて、トイレと同様に評判の悪かった中国の接客態度ですが、経済が発展した今では様変わりしました。旧式の百貨店ではまだやる気のない店員はいますが、都市部ではむしろサービスの悪いところは少なくなったと言えます。店同士、従業員同士の競争原理が働いて、より沢山買ってもらいたいとあれこれ勧める熱意満々の店員を鬱陶しく思うことさえあるくらいです。こちらも買い物で不満を残さないために、身振り手振りでもいいから意思表示をはっきりするようにしましょう。店員さんはできる限り要望を聞いてくれますよ！

上級のおしゃれ——ショッピング編

	これはきれい ですね	这个 很 漂亮。 Zhèige hěn piàoliang. チェイガ ヘン ピャオリャン

	この素材は 何ですか	原材料 是 什么？ Yuáncáiliào shì shénme? ユエンツァイリャオ シー シェンマ

	洗濯機で 洗えますか	能 用 洗衣机 洗 吗？ Néng yòng xǐyījī xǐ ma? ノン ヨン シーイージー シー マ

	縮みませんか	不 缩水 吗？ Bù suōshuǐ ma? ブー スオシュイ マ

単語：ファブリック製品

日本語	中国語	ピンイン	カタカナ
ベッドシーツ	床单	chuángdān	チュアンダン
枕カバー	枕套	zhěntào	ジェンタオ
布団カバー	被套	bèitào	ベイタオ
敷き布団カバー	褥套	rùtào	ルータオ
ベッドカバー	床罩	chuángzhào	チュアンジャオ
クッション	靠垫	kàodiàn	カオディエン
テーブルクロス	台布	táibù	タイブー
ランチョンマット	餐垫	cāndiàn	ツァンディエン
カーテン	窗帘	chuānglián	チュアンリエン

単語：工芸小物

日本語	中国語	ピンイン	カタカナ
スワトーハンカチ	汕头手绢	Shàntóu shǒujuàn	シャントウ ショウジュエン
景徳鎮の磁器	景德镇瓷器	Jǐngdézhèn cíqì	ジンダージェン ツーチー
中国の七宝焼き	景泰蓝	jǐngtàilán	ジンタイラン
唐三彩	唐三彩	tángsāncǎi	タンサンツァイ
玉製の工芸品	玉器	yùqì	ュィーチー
泥人形	泥人	nírén	ニーレン
切り紙	剪纸	jiǎnzhǐ	チエンジー
扇子	扇子	shànzi	シャンズ
白檀の扇子	檀香扇	tánxiāngshàn	タンシャンシャン
印鑑	图章	túzhāng	トゥーチャン
印鑑用の石	印石	yìnshí	インシー
筆	毛笔	máobǐ	マオピー
硯	砚台	yàntái	イェンタイ
宣紙	宣纸	xuānzhǐ	シュエンジー
掛け軸	挂轴	guàzhóu	グアチョウ
農民画	农民画	nóngmínhuà	ノンミンホア
水墨画	水墨画	shuǐmòhuà	シュイモーホア
アンティーク家具	古玩家具	gǔwán jiājù	グーワン ジャージュイ

上級のおしゃれ——ショッピング編

6 CDや本を買う

ホテル ショッピング 癒し 飲食 エンタメ 乗り物 コミュニケーション トラブル

映画に関する本はどこですか
电影 方面的 书 在 那儿？
Diànyǐng fāngmiàn de shū zài nǎr?

辞書はどのあたりですか
词典 在 哪儿？
Cídiǎn zài nǎr?

この本を探していただけますか
能帮 我 找 这本书 吗？
Néng bāng wǒ zhǎo zhèběn shū ma?

テレサ・テンのCDはどこですか
邓丽君 的 CD 在 那儿？
Dèng Lìjūn de zài nǎr?

このCDを試聴したいのですが
这个 CD 可以 试听 吗？
Zhèige kěyǐ shìtīng ma?

このCDを買いたいです
我 想 买 这个 CD。
Wǒ xiǎng mǎi zhèige

今流れている音楽は何ですか
现在 放的 是 什么 音乐？
Xiànzài fàng de shì shénme yīnyuè?

今流行りの歌は何ですか	现在 流行的 歌曲 是什么？ Xiànzài liúxíng de gēqǔ shì shénme?
そのCDを見せてください	让 我 看看 那个 CD。 Ràng wǒ kànkan nèige.
古典音楽は何がお勧めですか	古典 音乐 哪个 好听？ Gǔdiǎn yīnyuè něige hǎotīng?
本はここから郵送できます	书 可以 从 这儿 寄。 Shū kěyǐ cóng zhèr jì.
DVDはここから送れません	DVD 不能 从 这儿 寄。 bùnéng cóng zhèr jì.
郵便局まで運んでいただけますか	能 帮我 运到 邮局 吗？ Néng bāng wǒ yùndào yóujú ma?
郵送手続きを手伝ってください	请 帮我 办 邮寄 手续。 Qǐng bāng wǒ bàn yóujì shǒuxù.

上級のおしゃれ——ショッピング編

7 郵送手配

| 日本に送りたいです | 我 想 寄到 日本。
Wǒ xiǎng jìdào Rìběn. |

日本に送りたいです
ウォー シャン ジーダオ リーベン
我 想 寄到 日本。
Wǒ xiǎng jìdào Rìběn.

梱包してください
チン バオジュアン
请 包装。
Qǐng bāozhuāng.

送料はいくらかかりますか
ヨウフェイ ドゥォシャオ チエン
邮费 多少 钱？
Yóufèi duōshao qián?

送料は400元です
ヨウフェイ ヤオ スーバイ クアイ
邮费 要 四百 块。
Yóufèi yào sìbǎi kuài.

航空便にしてください
ジー ハンコン ダ
寄 航空 的。
Jì hángkōng de.

この手紙を送ってください
チン ジー チェーフォン シン
请 寄 这封 信。
Qǐng jì zhèfēng xìn.

速達郵便にしてください
ジー クアイシン
寄 快信。
Jì kuàixìn.

68

日本語	中国語	ピンイン
速達小包にしてください	寄 快件。	Jì kuàijiàn.
郵送料をあちらで払ってください	请 在 那儿 交 邮费。	Qǐng zài nàr jiāo yóufèi.
これに記入してください	请 填 一下 表。	Qǐng tián yíxià biǎo.
ホテルまで届けてもらえますか	能 给 送到 饭店 吗？	Néng gěi sòngdào fàndiàn ma?
切手をください	我 要 邮票。	Wǒ yào yóupiào.
今日中にお願いできますか	今天 能 办 吗？	Jīntiān néng bàn ma?
税関で申告をする必要はありますか	在 海关 需要 申报 吗？	Zài hǎiguān xūyào shēnbào ma?

上級のおしゃれ——ショッピング編

重い荷物はレディに似合わない　★CD郵送の注意

　旅の途中、お茶、茶道具、シルク・綿製品、珍しい食材、観光地を紹介した本や画集など買いたい物がどんどん増えることでしょう。かさばったり重かったりしてスーツケースもパンパンになります。全部自分で運んでいたら大変ですから、まとまったら都市部の郵便局から日本に送るといいでしょう。郵便局では梱包材もしっかりした物が買えますから安心です。

　中国では映画や音楽のCD、DVDは書店で売っています。伝統音楽やポップスなどいい音楽もたくさんありますから、あれこれ購入すると結構な重さになります。以前は本と一緒に書店で梱包してそのまま送ってもらうことができましたが、海賊版排除のため、現在はCD、DVDは書店から送ることはできません。

　荷物を郵送する場合は、梱包せずに郵便局へ持って行き、チェックを受け、そこで梱包をしてもらいます。

PART III

シーン別
役立ちフレーズ

3. 女力アップ
  ——癒し＆リフレッシュ編

女力アップ——癒し&リフレッシュ編

1 マッサージ店にて

| メニューを見せてください | 让我看看服务单？
Ràng wǒ kànkan fúwùdān. |

| 日本語のメニューはありますか | 有日语的服务单吗？
Yǒu Rìyǔ de fúwùdān ma? |

| どんなコースがありますか | 都有什么项目？
Dōu yǒu shénme xiàngmù? |

| 基本コースはいくらですか | 基本项目多少钱？
Jīběn xiàngmù duōshao qián? |

| 全身マッサージはありますか | 有全身按摩吗？
Yǒu quánshēn ànmó ma? |

| ではこれをお願いします | 那就要这个。
Nà jiù yào zhèige. |

| 靴と靴下を脱いでください | 请脱下鞋和袜子。
Qǐng tuōxià xié hé wàzi. |

日本語	中国語	ピンイン
この中に足を入れてください	把 脚 放在 这里。(バー ジャオ ファンザイ チェーリ)	Bǎ jiǎo fàngzài zhèli.
肩がこっています	我 肩酸。(ウォー ジエンスアン)	Wǒ jiānsuān.
腰が痛いです	我 腰疼。(ウォー ヤオトォン)	Wǒ yāoténg.

マッサージにまつわるあれこれ

　マッサージ天国の中国、至る所にマッサージ屋さんがあります。店の格や値段差は、設えの違いや使用するオイルの質やマッサージ師が洗練されているかといった部分が多く、マッサージそのものはだいたい満足できるレベルといえます。ただし、黙ってないで要望をきちんと伝えることが大切です。

　マッサージを受けたいけど心配という人は、外に料金表が張られている店、明るい造りの店を選びましょう。男性客には男性が、女性客には女性が接客すると明記しているところもありますから、確認をしてから入るとか、若干高いですがホテルに入っているマッサージ屋さんを利用すると安心です。（稀に地方の観光地のホテルでは、へたなマッサージ師に出くわす場合もありますが・・・）

女力アップ──癒し&リフレッシュ編

縦タブ
ホテル ショッピング 癒し 飲食 エンタメ 乗り物 コミュニケーション トラブル

何かお飲みになりますか
您要什么饮料吗？
Nín yào shénme yǐnliào ma?

温かいお茶をください
我要热茶水。
Wǒ yào rè cháshuǐ.

強さはどうですか
强度怎么样？
Qiángdù zěnmeyàng?

もう少し強くしてください
再加重一点儿。
Zài jiāzhòng yìdiǎnr.

もう少し弱くしてください
再轻一点儿劲儿。
Zài qīng yìdiǎnr jìnr.

これで終わりです
这就完了。
Zhè jiù wán le.

延長してください
请延长时间。
Qǐng yáncháng shíjiān.

支払いはカウンターでお願いします
请 在 服务台 交钱。
チン ザイ フーウータイ ジャオチエン
Qǐng zài fúwùtái jiāoqián.

チップはいりますか
要 小费 吗?
ヤオ シャオフェイ マ
Yào xiǎofèi ma?

単語:体の部位

頭	头	tóu	トウ
顔	脸	liǎn	リエン
首	脖子	bózi	ポーズ
肩	肩膀	jiānbǎng	ジエンバン
目	眼睛	yǎnjing	イェンジン
鼻	鼻子	bízi	ビーズ
口	嘴	zuǐ	ズイ
腕	胳膊	gēbo	グォーボ
腰	腰	yāo	ヤオ
背中	背	bèi	ペイ
胸	胸脯	xiōngpǔ	ションプー
お尻	屁股	pìgu	ピーグ
太もも	大腿	dàtuǐ	ダートゥイ
ふくらはぎ	腿肚子	tuǐdùzi	トゥイドゥーズ
足裏	脚掌	jiǎozhǎng	ジャオジャン

75

女力アップ──癒し&リフレッシュ編

② エステ店にて

ご希望のコースはなんですか
你 希望 做 什么 项目？
Nǐ xīwàng zuò shénme xiàngmù?

このコースをお願いします
我 做 这个 项目。
Wǒ zuò zhèige xiàngmù.

この化粧品はどのメーカーのですか
这个 化妆品 是 哪家的？
Zhèige huàzhuāngpǐn shì nǎjiā de?

鉱物油を使っていますか
是 用 矿物油的 吗？
Shì yòng kuàngwùyóu de ma?

自然化粧品ですか
这 是 天然 化妆品 吗？
Zhè shì tiānrán huàzhuāngpǐn ma?

76

| 敏感肌です | 我 是 敏感性 皮肤。
Wǒ shì mǐngǎnxìng pífū.
ウォー シー ミンガンシン ピーフー |

| 刺激の強いのは使わないでください | 别用 刺激性 强的。
Bié yòng cìjīxìng qiáng de.
ビエヨン ツージーシン チャンダ |

| 今生理中です | 我 来 月经 了。
Wǒ lái yuèjīng le.
ウォー ライ ユエジン ラ |

| 現在妊娠しています | 我 正在 怀孕。
Wǒ zhèngzài huáiyùn.
ウォー チョンザイ ホァイユン |

単語：肌の悩み

日本語	中国語	ピンイン	カナ
むくみ	浮肿	fúzhǒng	フージョン
ニキビ	青春痘	qīngchūndòu	チンチュンドウ
吹き出物	小疙瘩	xiǎogēda	シャオグォーダ
くすみ	肤色暗沉	fūsè ànchén	フースー アンチェン
しみ	色斑	sèbān	スーバン
肌荒れ	皮肤变粗糙	pífūbiàncūcāo	ピーフ ビエンツーツァオ
乾燥	干燥	gānzào	ガンザオ
脂性	脂性皮肤	zhīxìng pífū	ジーシン ピーフー
毛穴のつまり	毛孔堵塞	máokǒng dǔsè	マオコン ドゥースー

女力アップ——癒し&リフレッシュ編

単語:エステメニュー

日本語	中文	ピンイン
トータルエステ	全身美容	quánshēn měiróng チュエンシェン メイロン
フェイシャルエステ	脸部美容	liǎnbù měiróng リエンブー メイロン
リラクゼーション・トリートメント	舒缓护理	shūhuǎn hùlǐ シューホアン フーリー
ディープクレンジング	深度清洁	shēndù qīngjié シェンドゥー チンジエ
肌再生トリートメント	活力更新护肤	huólì gēngxīn hùfū フオリー ゲンシン フーフー
スペシャル・アイ・トリートメント	眼部特别护理	yǎnbù tèbié hùlǐ イェンブー テービエ フーリー
クイック・ターンアップ	精简快速护肤	jīngjiǎn kuàisù hùfū ジンジエン クアイスー フーフー
パック	面膜	miànmó ミエンモー
泥パック	草本敷泥	cǎoběn fūní ツァオベン フーニー
ボディアロマオイルパック	芬香精油敷体	fēnxiāng jīngyóu fūtǐ フェンシャン ジンヨウ フーティー
ボディ美白保湿栄養パック	牛奶美白敷体	niúnǎi měibái fūtǐ ニウナイ メイバイ フーティー
腹部デトックス	腹腔环保	fùqiāng huánbǎo フーチャン ホアンバオ
アロマテラピー	芬香疗法	fēnxiāng liáofǎ フェンシャン リャオファー
ホットストーン・ボディマッサージ	热石全身按摩	rèshí quánshēn ànmó ルーシー チュエンシェン アンモー
全身マッサージ	全身按摩	quánshēn ànmó チュエンシェン アンモー
足裏マッサージ	脚底按摩	jiǎodǐ ànmó ジャオディー アンモー

日本語	中国語	ピンイン / カナ
オイルマッサージ	推油按摩	tuīyóu ànmó / トゥイヨウ アンモー
健康マッサージ	保健按摩	bǎojiàn ànmó / バオジエン アンモー
部分マッサージ	部分按摩	bùfēn ànmó / ブーフェン アンモー
ハンドケア	手部护理	shǒubù hùlǐ / ショウブー フーリー
フットケア	腿部护理	tuǐbù hùlǐ / トゥイブー フーリー
マニキュア	涂指甲油	tú zhǐjiǎyóu / トゥー ジージャーヨウ
ペディキュア	涂脚趾甲油	tú jiǎozhǐjiǎyóu / トゥー ジャオジージャーヨウ
スパ	矿泉浴	kuàngquányù / クアンチュエンユィー
サウナ	桑拿浴	sāngnáyù / サンナーユィー
ダイエット	减肥	jiǎnféi / ジエンフェイ
痩身	瘦身	shòushēn / ショウシェン
しみ抜き	除斑	chúbān / チューバン
デトックス	排毒	páidú / パイドゥー
グアシャーデトックス	刮痧	guāshā / グアシャー
足浴	足浴	zúyù / ズーユィー
指圧	指压	zhǐyà / ジーヤー
魚の目取り	扦脚	qiānjiǎo / チエンジャオ
角質取り	修脚	xiūjiǎo / シュージャオ
爪切り	修甲	xiūjiǎ / シュージャー
足爪切り	修脚趾甲	xiū jiǎozhǐjiǎ / シュー ジャオジージャー
耳かき	采耳	cǎi'ěr / ツァイアル
カッピング（中国式お灸）	拔罐	báguàn / バーグアン

女力アップ——癒し&リフレッシュ編

単語：コスメ

化粧水	化妆水	huàzhuāngshuǐ	ホアジュアンシュイ
乳液	润肤露	rùnfūlù	ルンフールー
日焼け止めクリーム	防晒霜	fángshàishuāng	ファンシャイシュアン
化粧下地	粉底	fěndǐ	フェンディー
ファンデーション	粉饼	fěnbǐng	フェンピン
チーク	腮红	sāihóng	サイホン
アイブロー	眉粉	méifěn	メイフェン
アイブローペンシル	眉笔	méibǐ	メイビー
アイシャドー	眼影膏	yǎnyǐnggāo	イェンインガオー
口紅	口红	kǒuhóng	コウホン
マスカラ	睫毛膏	jiéimáogāo	ジェマオガオー
クレンジング	卸妆霜	xièzhuāngshuāng	シエジュアンシュアン
マニキュア	指甲油	zhǐjiǎyóu	ジィージャーヨウ
リムーバー	洗甲水	xǐjiǎshuǐ	シージャーシュイ
コットン	化妆绵	huàzhuāngmián	ホアジュアンミエン

単語：生活用品

コンタクトレンズ	隐形眼镜	yǐnxíngyǎnjìng	インシン イェンチン
ハンカチ	手绢	shǒujuàn	ショウジュエン
ティッシュ	化妆纸	huàzhuāngzhǐ	ホァジュアンジー
制汗剤	制汗剂	zhìhànjì	ジィーハンジー
ハンドクリーム	护手霜	hùshǒushuāng	フーショウシュアン
生理用ナプキン	卫生巾	wèishēngjīn	ウェイションジン

PART III

シーン別
役立ちフレーズ

4. 健康に美しく
——茶芸・飲食編

健康に美しく——茶芸・飲食編

1 レストランにて

いらっしゃいませ
欢迎 光临。
ホアンイン グアンリン
Huānyíng guānglín.

何名様ですか
您 几位？
ニン ジーウェイ
Nín jǐwèi?

2名です
两 位。
リャン ウェイ
Liǎng wèi.

禁煙席をお願いします
我 要 禁烟座。
ウォー ヤオ ジンイェンズオ
Wǒ yào jìnyānzuò.

こちらへどうぞ
这边 请 进。
チェービエン チン ジン
Zhèbiān qǐng jìn.

メニューをください
让 我 看看 菜单。
ラン ウォー カンカン ツァイダン
Ràng wǒ kànkan càidān.

82

| お待たせしました | 让您久等了。 Ràng nín jiǔděng le. (ランニンジウドンラ) |

| オーダーしてもいいですか | 可以点菜吗？ Kěyǐ diǎncài ma? (カーイー ディエンツァイ マ) |

| これは何ですか | 这是什么？ Zhè shì shénme? (チェー シー シェンマ) |

単語：食べ物

日本語	中国語	ピンイン	カタカナ
野菜	蔬菜	shūcài	シューツァイ
鶏肉	鸡肉	jīròu	ジーロウ
牛肉	牛肉	niúròu	ニュウロウ
豚肉	猪肉	zhūròu	チューロウ
羊肉	羊肉	yángròu	ヤンロウ
魚	鱼	yú	ユィー
スープ	汤	tāng	タン
ごはん	米饭	mǐfàn	ミーファン
麺	面条	miàntiáo	ミエンティアオ
パン	面包	miànbāo	ミエンパオー
デザート	点心	diǎnxīn	ディエンシン
果物	水果	shuǐguǒ	シュイグオ

健康に美しく──茶芸・飲食編

| 名物料理は何ですか | 你们的 招牌菜 是 什么？
Nǐmen de zhāopáicài shì shénme?
(ニーメンダ チャオパイツァイ シー シェンマ) |

| これを下さい | 我 要 这个。
Wǒ yào zhèige.
(ウォー ヤオ チェイガ) |

| ひと皿の量はどれくらいですか | 一碟 有 多少？
Yìdié yǒu duōshao?
(イーディエ ヨー ドゥオシャオ) |

| お箸をもう一膳ください | 请再拿来 一 双 筷子。
Qǐng zài nálai yìshuāng kuàizi.
(チン ザイ ナーライ イーシュアン クアイズ) |

| オーダーした料理がまだ来ていません | 我 点的 菜 还 没 上来。
Wǒ diǎn de cài hái méi shànglai.
(ウォー ディエンダ ツァイ ハイ メイ シャンライ) |

| お皿を換えてください | 请 给 换 一下 碟子。
Qǐng gěi huàn yíxià diézi.
(チン ゲイ ホアン イーシャア ディエズ) |

料理に髪の毛が入っています	这个 菜里 有 头发。 Zhèige càili yǒu tóufa. チェイガ ツァイリ ヨー トウファ
お会計をお願いします	请 结帐。 Qǐng jiézhàng. チン ジエチャン
お手洗いはどこですか	洗手间 在 哪儿？ Xǐshǒujiān zài nǎr? シーショウジエン ザイ ナール

食のマナー ★麺は音を立てない!?

　日本食は、小皿を手で持つのが正しいとされていますが、中国の場合、器やお皿は手で持たずにテーブルに置いて食べます。手で持ちあげて良い器はご飯茶碗と湯飲みだけです。ですから、気をつけていないと顔を食器に近づけた悪い姿勢になりますので、常に背筋を伸ばしましょう。

　もうひとつ、日本と大きく異なるのは、麺を食べる時には音を立てないことです。日本そばのようにズーズー食べたら恥ずかしいですから、気をつけましょう。音を立てずに麺を上手に食べるコツは、数本の麺を取りレンゲに載せてスッと口に入れるといいです。つゆを飛ばす心配も減ります。

健康に美しく──茶芸・飲食編

2 薬膳料理を食べる

詳しくありません
我 知道的 不太 多。
ウォー ジーダオダ ブータイ ドゥオー
Wǒ zhīdàode bú tài duō.

オーダーを手伝ってください
请 帮我 点菜。
チン バンウォー ディエンツァイ
Qǐng bāngwǒ diǎncài.

肌に良い料理はありますか
有 对 皮肤 好的 菜 吗？
ヨー ドゥイ ピーフー ハオダ ツァイ マ
Yǒu duì pífū hǎode cài ma?

疲労回復に効く料理はありますか
有 解除 疲劳的 菜 吗？
ヨー ジエチュー ピーラオ ダ ツァイ マ
Yǒu jiěchú píláode cài ma?

お勧めをオーダーします
我 点 你 推荐的 菜。
ウォー ディエン ニー トゥイジエンダ ツァイ
Wǒ diǎn nǐ tuījiànde cài.

調子の悪いところはありますか
有 什么 不舒服 吗？
ヨー シェンマ ブーシューフ マ
Yǒu shénme bùshūfu ma?

86

胃が弱いです	我 胃 不太 好。 Wǒ wèi bú tài hǎo.
味はいかがですか	味道 怎么样？ Wèidào zěnmeyàng?
おいしいです	很 好吃。 Hěn hǎochī.
からだが暖かくなってきました	身子 暖和 起来了。 Shēnzi nuǎnhuo qǐlai le.

単語：味覚

甘い	甜	tián	ティエン
すっぱい	酸	suān	スアン
苦い	苦	kǔ	クー
しょっぱい	咸	xián	シエン
辛い	辣	là	ラー
しびれる辛さ	麻	má	マー

健康に美しく——茶芸・飲食編

3 茶館にて茶芸に親しむ

何になさいますか
您 点 什么？
Nín diǎn shénme?

どれが美味しいですか
哪个 好喝？
Něige hǎohē?

こちらがお勧めです
特别 推荐的 是 这个。
Tèbié tuījiànde shì zhèige.

ではそれにします
那么 就 要 那个。
Nàme jiù yào nèige.

お茶菓子はいかがですか
要不要 茶点心？
Yào bu yào chádiǎnxin?

ご自分でお茶をいれますか
您 自己 泡茶 吗？
Nín zìjǐ pàochá ma?

やっていただけますか
请 您 教给 一下。
Qǐng nín jiāo gěi yíxià.

熱いですから気をつけてください	シャオシン ヘン ルー 小心 很 热。 Xiǎoxīn hěn rè.
まず香りを楽しんでください	シエン ウェンシャン 先 闻香。 Xiān wénxiāng.
この茶葉は何回飲めますか	チェー チャイエ ノン ホォー ジーツー 这 茶叶 能 喝 几次？ Zhè cháyè néng hē jǐcì?
この茶葉は5、6回飲めます	チェー チャイエ カーイー チー ウー リウ ツー 这 茶叶 可以 沏 五、六次。 Zhè cháyè kěyǐ qī wǔ、liù cì.
お湯を足してください	チン ゲイ ジャー カイシュイ 请 给 加 开水。 Qǐng gěi jiā kāishuǐ.
紙ナプキンをください	チン ゲイ ウォー ツァンジン 请 给 我 餐巾。 Qǐng gěi wǒ cānjīn.

健康に美しく——茶芸・飲食編

中国茶の楽しみ

世界中に広まったお茶の原点である中国茶。日本では烏龍茶がよく知られていますが、中国でもっとも飲まれているのは緑茶です。中国茶は何煎でもおいしく飲めますが、一煎毎に変わる味わいと香りを楽しみながら、お茶菓子をつまみ、ゆっくり茶館で過ごすのも旅の楽しみです。

茶器は陶器と磁器があり、お茶の香りが移る磁器の茶壺は、いつも同じお茶を入れるようにして長年使うことでより良くなるといわれています。これを中国では「茶壺を育てる」といいます。有名作家の超高級な物からお手頃な物まで、さまざまな茶器は見ているだけで楽しく、旅の記念にもお勧めです。

単語：お茶の種類

ジャスミン茶	茉莉花茶	mòlìhuāchá モーリーホアーチャア
烏龍茶	乌龙茶	wūlóngchá ウーロンチャア
東方美人茶	东方美人茶	dōngfāng měirén chá ドンファン メイレン チャア
鉄観音茶	铁观音茶	tiěguānyīn chá ティエグアンイン チャア
龍井茶	龙井茶	lóngjǐng chá ロンジン チャア
キーマン紅茶	祁门红茶	qímén hóngchá チーメン ホンチャア

よく使われる茶具

茶海
入れたお茶を溜めるポット

茶壺
急須

品茗杯
茶を飲む

聞香杯
香りを楽しむ

＊お茶の濃さが均一になるように急須からポットに入れてから杯に注ぎます

健康に美しく――茶芸・飲食編

4 お茶の葉を買う

このお茶を試飲できますか	能试饮一下这个茶叶吗？	Néng shìyǐn yíxià zhèige cháyè ma?
美味しいです	很好喝。	Hěn hǎohē.
ストレスに効くのはありますか	有消除精神疲劳的吗？	Yǒu xiāochú jīngshén píláo de ma?
これです	这就是。	Zhè jiù shì.
1斤(500g)いくらですか	一斤多少钱？	Yì jīn duōshao qián?
これを1斤ください	这个要一斤。	Zhèige yào yì jīn.
五つに分けて包んでください	请分着包五包。	Qǐng fēnzhe bāo wǔ bāo.

贈り物にしたいので袋をください	这 是 礼物，请 给 口袋。 Zhè shì lǐwù, qǐng gěi kǒudài.
缶に入れてください	请 装 在 罐子里。 Qǐng zhuāng zài guànzili.
この箱は汚れています	这个 罐子 脏。 Zhèige guànzi zāng.
新しいのに交換してください	请 给 换 新的。 Qǐng gěi huàn xīn de.
お勧めの茶菓子はどれですか	有 特别 推荐的 茶点心 吗？ Yǒu tèbié tuījiàn de chádiǎnxin ma?
試食できますか	能 尝一尝 吗？ Néng cháng yi cháng ma?

健康に美しく——茶芸・飲食編

5 美容健康の漢方薬を調合する

漢方薬が欲しいのですが
我 要 中药。
Wǒ yào zhōngyào.

冷え性に効く薬はありますか
有 消 除 寒症的 药 吗？
Yǒu xiāochú hánzhèngde yào ma?

市販薬ですか
您 要 中成药 吗？
Nín yào zhōngchéngyào ma?

調合薬ですか
您 要 配药 吗？
Nín yào pèiyào ma?

調合してください
配药。
Pèiyào.

脈を取らせてください	让我来诊脉。 Ràng wǒ lái zhěnmài.
舌を見せてください	让我看一下舌头。 Ràng wǒ kàn yíxià shétou.
自覚症状はありますか	有自觉症状吗？ Yǒu zìjué zhèngzhuàng ma?
少々お待ちください	请稍等。 Qǐng shāo děng.
明日取りに来てください	明天来取药。 Míngtiān lá qǔ yào.
飲み方を教えてください	请教给我吃法。 Qǐng jiāogěi wǒ chīfǎ?
一日何回飲めばいいですか	一天吃几次药？ Yìtiān chī jǐcì yào?

健康に美しく――茶芸・飲食編

食後に飲んでください	饭 后 吃药。 Fàn hòu chīyào.
食前に飲んでください	饭 前 吃药。 Fàn qián chīyào.
日本から注文できますか	能 从 日本 买 药 吗？ Néng cóng Rìběn mǎi yào ma?
カルテがあるので大丈夫です	可以，这里 有 病历。 Kěyǐ, zhèli yǒu bìnglì.
ファックスをください	请 发 传真。 Qǐng fā chuánzhēn.
電子メールをください	请 发 电子 邮件。 Qǐng fā diànzǐ yóujiàn.
日本に送ってください	请 寄到 日本 去。 Qǐng jìdào Rìběn qù.

96

PART **III**

**シーン別
役立ちフレーズ**

5. 歴史文化に触れる
——エンタメ・観光＆ナイトライフ編

歴史文化に触れる——エンタメ・観光&ナイトライフ編

① 観光名所へ行く

ホテル ショッピング 癒し 飲食 **エンタメ** 乗り物 コミュニケーション トラブル

**大人二枚
ください**

ヤオ　リャンチャン　ダーレン　ピャオ
要 两张 大人 票。
Yào liǎng zhāng dàrén piào.

**子供料金は
いくらですか**

シャオハル　ドゥオシャオ　チエン
小孩儿 多少 钱？
Xiǎoháir duōshao qián?

**学生割引は
ありますか**

ヨー　シュエション　ヨウホイ　マ
有 学生 优惠 吗？
Yǒu xuésheng yōuhuì ma?

**音声ガイドを
借りたいです**

ウォー　シャン　ジエ　ユィーイン　ダオラン
我 想 借 语音 导览。
Wǒ xiǎng jiè yǔyīn dǎolǎn.

**使用後は
必ず返却
してください**

ヨンワン　イーディン　グイホアン
用完 一定 归还。
Yòngwán yídìng guīhuán.

**写真を撮って
いいですか**

カーイー　チャオシャン　マ
可以 照相 吗？
Kěyǐ zhàoxiàng ma?

**フラッシュは
禁止ですか**

ジンヨン　シャングアンドン　マ
禁用 闪光灯 吗？
Jìnyòng shǎnguāngdēng ma?

日本語	中国語	ピンイン
撮影禁止です	禁止 拍照。	Jìnzhǐ pāizhào.
入らないでください	请 勿 入内。	Qǐng wù rùnèi.
胡同めぐりの人力車はどこですか	在 哪儿 坐 游 胡同的 洋车？	Zài nǎr zuò yóu hútòng de yángchē?
一時間で回りたいです	我 想 转 一个 小时。	Wǒ xiǎng zhuàn yíge xiǎoshí.
三十分しか時間がありません	只有 三十 分钟。	Zhǐyǒu sānshí fēnzhōng.

中国でタブーなこと

　観光地での写真撮影は、遺物保護のためフラッシュ撮影禁止、あるいは完全に撮影禁止のところもありますので、要注意です。
　また、近代の中国の歴史を知る人は容易に想像できることですが、一度他国に領土を奪われたことのある人々にとって、領土問題はシビアですので、日本人同士で日本語であっても公然と話題にすることは避けましょう。日本語が分かる人もいます。

歴史文化に触れる──エンタメ・観光＆ナイトライフ編

ホテル ショッピング 癒し 飲食 **エンタメ** 乗り物 コミュニケーション トラブル

ツアーに参加したいのですが
我 想 参加 旅游团
ウォー シャン ツァンジャー リュィヨウトアン
Wǒ xiǎng cānjiā lǚyóutuán.

日本語ガイドつきのはありますか
有 带 日语 导游的 吗？
ヨー ダイ リーユィー ダオヨウダ マ
Yǒu dài Rìyǔ dǎoyóude ma?

市内観光バスはありますか
有 市内 旅游车 吗？
ヨー シーネイ リュィヨウチャー マ
Yǒu shìnèi lǚyóuchē ma?

半日ツアーはありますか
有 半日 旅游团 吗？
ヨー バンリー リュィヨウトアン マ
Yǒu bànrì lǚyóutuán ma?

出発は何時ですか
几点 出发？
ジーディエン チューファー
Jǐdiǎn chūfā?

食事は含まれますか
包 饭 吗？
バオ ファン マ
Bāo fàn ma?

ここで予約できますか
在 这儿 可以 预订 吗？
ザイ チェール カーイー ユィーディン マ
Zài zhèr kěyǐ yùdìng ma?

100

何時にバスに戻ればいいですか	应该 几点 回到 车里？ Yīnggāi jǐdiǎn huídào chēli?
あれは何ですか	那个 是 什么？ Nèige shì shénme?
いつの時代のものですか	那 是 什么 时代 的？ Nà shì shénme shídài de?
トイレ休憩はありますか	有 去 厕所的 时间 吗？ Yǒu qù cèsuǒ de shíjiān ma?
食事する時間はありますか	有 吃饭 时间 吗？ Yǒu chīfàn shíjiān ma?
ツアーの予約を変更したいです	我 想 改变 预订。 Wǒ xiǎng gǎibiàn yùdìng.
ツアーのキャンセルをしたいです	我 想 取消 预订。 Wǒ xiǎng qǔxiāo yùdìng.

歴史文化に触れる——エンタメ・観光&ナイトライフ編

② 中国芸術に親しむ

今日の切符を買いたいです
我 想 买 今天的 票。
ウォー シャン マイ ジンティエンダ ピャオ
Wǒ xiǎng mǎi jīntiān de piào.

何人ですか
几个 人？
ジーガ レン
Jǐge rén?

二人です
两个 人。
リャンガ レン
Liǎngge rén.

どの席が空いていますか
哪个 座位 还 空着？
ネイガ ズオウェイ ハイ コンチャ
Něige zuòwèi hái kòngzhe?

いくらの席にしますか
有 多少钱 的 座位？
ヨー ドゥオシャオチエン ダ ズオウェイ
Yǒu duōshao qián de zuòwèi.

よく見える席をください
给 我 好 一点儿的 座位。
ゲイ ウォー ハオ イーディアルダ ズオウェイ
Gěi wǒ hǎo yìdiǎnr de zuòwèi.

もっと真ん中はありますか	有更 中间的 吗？ ヨー ゲン チョンジエンダ マ Yǒu gèng zhōngjiān de ma?
もっと前の席はありますか	有更 前面的 吗？ ヨー ゲン チエンミエンダ マ Yǒu gèng qiánmiàn de ma?
並んで座れますか	我们 能 坐 一起 吗？ ウォーメン ノン ズオ イーチー マ Wǒmen néng zuò yìqǐ ma?

伝統芸能を観るならば

　中国を旅するなら必ず観てみたいのが伝統芸能です。北京にはお茶や食事を楽しみながら、京劇、雑技、手品、漫談などの伝統芸を少しずつ観ることが出来る茶館がありますので、初めての人には特にお勧めです。
　本格的に京劇が観たいという人には劇場がお勧めです。中国語がわからなくても、別料金の日本語イヤホンガイドで詳しく解説を聞くことができますから、十分に楽しむことができます。伝統芸の劇場は、席料はお茶と茶菓子付きになっており、舞台に近いほど料金が高く設定されていますので、買う前によく確かめておきましょう。
　また、上海なら雑技団（お茶や食事は付きません）、西安なら美しい唐代舞踊というように、各地に独自の古典芸能がありますので、一つは行ってみましょう。

歴史文化に触れる——エンタメ・観光&ナイトライフ編

ホテル ショッピング 癒し 飲食 エンタメ 乗り物 コミュニケーション トラブル

| 7日夜のチケットを下さい | 我 要 七号 晩上的 戯票。
Wǒ yào qī hào wǎnshang de xìpiào.
ウォー ヤオ チーハオ ワンシャンダ シーピャオ |

| どの席にしますか | 您 要 哪个 座位?
Nín yào něige zuòwèi?
ニン ヤオ ネイガ ズオウェイ |

| 席の図を見せてください | 请 让 我 看看 座位图。
Qǐng ràng wǒ kànkan zuòwèitú.
チン ラン ウォー カンカン ズオウェイトゥー |

| どの席が一番安いですか | 最便宜的 座位 是 哪个?
Zuì piányi de zuòwèi shì něige?
ズイピエンイ ダ ズオウェイ シー ネイガ |

| 後ろの席でもよく見えますか | 后边的 座位 能看 清楚 吗?
Hòubiānde zuòwèi néng kàn qīngchu ma?
ホウピエンダ ズオウェイ ノンカン チンチュ マ |

| 一番いい席はどこですか | 最好的 座位 是 哪个?
Zuìhǎo de zuòwèi shì něige?
ズイハオ ダ ズオウェイ シー ネイガ |

| 出演者を教えてください | 请 告诉 我 一下 出场 演员?
Qǐng gàosu wǒ yíxià chūchǎng yǎnyuán?
チン ガオス ウォー イーシャア チューチャン イェンユエン |

日本語	中国語	ピンイン
開演時間は何時ですか	几点 开演？	Jǐdiǎn kāiyǎn?
終演は何時ですか	几点 结束？	Jǐdiǎn jiéshù?
今日の演目はなんですか	今天 的 节目 是 什么？	Jīntiān de jiémù shì shénme?
当日券はありますか	有 当天的 票 吗？	Yǒu dāngtiān de piào ma?
指定席ですか	是 对号票 吗？	Shì duìhàopiào ma?
この席はいくらですか	这个 座位 多少钱？	Zhèige zuòwèi duōshao qián?
この席はどちらですか	这个 座位 在 哪儿？	Zhèige zuòwèi zài nǎr?

歴史文化に触れる——エンタメ・観光&ナイトライフ編

３ 流行のバーにて

ホテル ショッピング 癒し 飲食 エンタメ 乗り物 コミュニケーション トラブル

ドリンクリストを見せてください
给 我 看看 酒水单。
ゲイ ウォー カンカン ジュウシュイダン
Gěi wǒ kànkan jiǔshuǐdān.

お勧めはありますか
有 特别 推荐 的 吗？
ヨー テェビエ トゥイジエン ダ マ
Yǒu tèbié tuījiàn de ma?

こちらはどうですか
这个 怎么样？
チェイガ ゼンマヤン
Zhèige zěnmeyàng?

オリジナルカクテルはありますか
有 自制的 鸡尾酒 吗？
ヨー ズージーダ ジーウェイジュウ マ
Yǒu zìzhì de jīwěijiǔ ma?

甘いですか
这个 甜 吗？
チェイガ ティエン マ
Zhèige tián ma?

強いですか	这个 酒力 强 吗? Zhèige jiǔlì qiáng ma?
お勧めのものにします	我 要 你 推荐 的。 Wǒ yào nǐ tuījiàn de.
ビールをください	我 要 啤酒。 Wǒ yào píjiǔ.
ノンアルコールドリンクはありますか	有 不含有 酒精的 吗? Yǒu bù hányǒu jiǔjīng de ma?
お酒があまり強くないのですが	我 不 怎么 会 喝酒。 Wǒ bù zěnme huì hējiǔ.
ちょっとしか飲めません	我 酒量 小。 Wǒ jiǔliàng xiǎo.
お酒が飲めません	我 不会 喝酒。 Wǒ búhuì hējiǔ.

歴史文化に触れる——エンタメ・観光&ナイトライフ編

先払いです	先 付款。 シエン フークアン Xiān fùkuǎn.

後払いです	后 付款。 ホウ フークアン Hòu fùkuǎn.

単語：お酒の種類

紹興酒	绍兴酒	shàoxīngjiǔ	シャオシンジュウ
白酒	白酒	báijiǔ	バイジュウ
カクテル	鸡尾酒	jīwěijiǔ	ジーウェイジュウ
シャンパン	香槟酒	xiāngbīnjiǔ	シャンピンジュウ
生ビール	生啤酒	shēngpíjiǔ	ションピージュウ
瓶ビール	瓶啤酒	píng píjiǔ	ピンピージュウ
ウィスキー	威士忌酒	wēishìjìjiǔ	ウェイシージージュウ
ブランデー	白兰地	báilándì	バイランディー
ジン	金酒	jīnjiǔ	ジンジュウ
ウォッカ	伏特加	fútèjiā	フーテージャー
ソフトドリンク	软饮料	ruǎn yǐnliào	ルアンインリャオ
ストレート	不对水	búduìshuǐ	ブードゥイシュイ
オンザロック	加冰块	jiābīngkuài	ジャーピンクアイ
水割り	对水	duìshuǐ	ドゥイシュイ
ソーダ割り	对苏打水	duì sūdǎshuǐ	ドゥイ スウーダーシュイ

❹ 写真を撮ってもらう

シャッターを押してください
请 给 照 张 相。
Qǐng gěi zhào zhāng xiàng.

一緒に写真を撮っていただけますか
能 一起 照相 吗？
Néng yìqǐ zhàoxiàng ma?

ここから撮ってください
请 从 这儿 照。
Qǐng cóng zhèr zhào.

もう一枚お願いします
再 照 一张。
Zài zhào yì zhāng.

できたら送りましょうか
洗好 了 就 寄给 你。
Xǐhǎo le jiù jì gěi nǐ.

メールで送っていただけますか
能 给我 发 伊妹儿 吗？
Néng gěi wǒ fā yīmèr ma?

歴史文化に触れる――エンタメ・観光&ナイトライフ編

⑤ 道をたずねる

周辺に博物館はありますか
附近 有 博物馆 吗？
フージン ヨー ボーウーグアン マ
Fùjìn yǒu bówùguǎn ma?

上海博物館へはどう行きますか
去 上海 博物馆 怎么 走？
チュイ シャンハイ ボーウーグアン ゼンマ ゾウ
Qù Shànghǎi Bówùguǎn zěnme zǒu?

タクシーで10分です
坐 出租汽车 要 十分钟。
ズオ チューズーチーチャー ヤオ シーフェンチョン
Zuò chūzūqìchē yào shífēnzhōng.

人民広場駅で降りてください
在 人民 广场 站 下车。
ザイ レンミン グアンチャン チャン シャアチャー
Zài Rénmín guǎngchǎng zhàn xiàchē.

そこから歩いてすぐです
从 那儿 走 一会儿 就 到。
ツォン ナール ゾウ イーホィル ジウ ダオ
Cóng nàr zǒu yíhuìr jiù dào.

地図をご覧下さい	请看 地图。 Qǐng kàn dìtú.
(地図を指して)ここはどこですか	现在 在 哪儿？ Xiànzài zài nǎr?
最寄りの地下鉄駅へはどう行きますか	去最近的 地铁站 怎么走？ Qù zuìjìn de dìtiězhàn zěnme zǒu?
地下鉄の駅はこちらになります	地铁站 在 这儿。 Dìtiězhàn zài zhèr.
ホテルを出たら右へ行ってください	出了 饭店 往右走。 Chūle fàndiàn wǎng yòu zǒu.
二つめの信号を渡ってください	在 第二个 红绿灯 过 马路。 Zài dì èr ge hónglǜdēng guò mǎlù.
また右へ行くと駅です	然后 再 往右走 就是 车站。 Ránhòu zài wǎng yòuzǒu jiùshì chēzhàn.

歴史文化に触れる――エンタメ・観光&ナイトライフ編

天安門まで歩いて行けますか	天安门 能 走着 去 吗？ Tiān'ānmén néng zǒuzhe qù ma?		ティエンアンメン ノン ゾウチャ チュイ マ

ここから歩くなら一時間かかります
从这儿 走 要 一个小时。
Cóng zhèr zǒu yào yí ge xiǎoshí.
ツォン チェール ゾウ ヤオ イーガ シャオシー

まっすぐ行ってください
一直 往 前 走。
Yìzhí wǎng qián zǒu.
イージー ワン チエン ゾウ

単語：方角

東	东	dōng	ドン
南	南	nán	ナン
西	西	xī	シー
北	北	běi	ベイ
上	上	shàng	シャン
下	下	xià	シャア
前	前	qián	チエン
後	后	hòu	ホウ
左	左	zuǒ	ズオ
右	右	yòu	ヨウ
中	中	zhōng	チョン
外	外	wài	ワイ

PART III
**シーン別
役立ちフレーズ**

6. 気軽にアクセス
——乗り物編

気軽にアクセス――乗り物編

1 飛行機の手配

ホテル　ショッピング　癒し　飲食　エンタメ　乗り物　コミュニケーション　トラブル

北京行きの予約をお願いします
我 要 订 去 北京的 机票。
ウォー ヤオ ディン チュイ ペイジンダ ジーピャオ
Wǒ yào dìng qù Běijīng de jīpiào.

8月10日出発です
八月 十号 出发 的。
バーユエ シーハオ チューファー ダ
Bāyuè shíhào chūfā de.

片道切符をください
我 要 单程票。
ウォー ヤオ ダンチェンピャオ
Wǒ yào dānchéngpiào.

往復切符をください
我 要 往返票。
ウォー ヤオ ワンファンピャオ
Wǒ yào wǎngfǎnpiào.

空席がありません
没有 空座。
メイヨー コンズオ
Méiyǒu kòngzuò.

翌日のはどうですか
下 一天的 怎么样？
シャア イーティエンダ ゼンマヤン
Xià yìtiān de zěnmeyàng?

一番早く予約できるものにしてください
给我 最快 能 订到的 票。
ゲイウォー ズイクアイ ノン ディンダオダ ピャオ
Gěi wǒ zuì kuài néng dìngdào de piào.

114

ディスカウントはありますか	有优惠吗？ Yǒu yōuhuì ma?
リコンファームをしたいのですが	我想确认座位。 Wǒ xiǎng quèrèn zuòwèi.
チケットをお持ちですか	有机票吗？ Yǒu jīpiào ma?
便名とご搭乗日を教えてください	请告诉我航班和日期。 Qǐng gàosu wǒ hángbān hé rìqī.
リコンファームができました	确认好了。 Quèrèn hǎo le.

乗り物の手配とリコンファーム

　日本の航空会社を利用する場合、リコンファームをする必要はほとんどありませんが、格安航空券や海外の航空会社を利用するならば、トラブルを避けるために72時間前までに行うと安心です。言葉に自信がないとか、日中は観光で時間がない場合は、ホテルのスタッフにお願いすると楽です。
　列車・飛行機などの手配も、手数料がかかりますが、ホテルスタッフやホテルに入っている旅行会社にお願いすることができます。

気軽にアクセス——乗り物編

② チェックイン

| チェックインカウンターはどこですか | 办票 柜台 在 哪儿？
Bànpiào guìtái zài nǎr? |

バンピャオ グイタイ ザイ ナール

| 通してください | 让 我 过去 一下。
Ràng wǒ guòqù yíxià. |

ラン ウォー グオチュイ イーシャア

| 荷物はこれで全部です | 我的 行李 就 这些。
Wǒ de xíngli jiù zhèxiē. |

ウォーダ シンリ ジュウ チェーシエー

| こわれ物です | 易碎 物品。
Yìsuì wùpǐn. |

イースイ ウーピン

| 超過荷物の追加料金が必要です | 超重 行李 需要 加价。
Chāozhòng xíngli xūyào jiājià. |

チャオチョン シンリ シューヤオ ジャージャア

| 今日は機内が満席です | 今天 机内 满座 了。
Jīntiān jīnèi mǎnzuò le. |

ジンティエン ジーネイ マンズオ ラ

| 大きい荷物は預けてください | 大行李 请 托运。
Dàxíngli qǐng tuōyùn. |

ダーシンリ チン トゥオーユン

通路側の席に
してください

给我 靠 通道的 座位。
ゲイウォー カオ トンダオダ ズオウェイ
Gěi wǒ kào tōngdào de zuòwèi.

窓際の席に
してください

给我 靠窗的 座位。
ゲイウォー カオチュアンダ ズオウェイ
Gěi wǒ kàochuāng de zuòwèi.

1番ゲートから
ご搭乗ください

请 从 一号 登机口 登机。
チン ツォン イーハオ ドンジーコウ ドンジー
Qǐng cóng yīhào dēngjīkǒu dēngjī.

搭乗時間は何時
からですか

几点 开始 登机？
ジーディエン カイシー ドンジー
Jǐdiǎn kāishǐ dēngjī?

機内に持ち込め
ますか

能 带进 机舱 吗？
ノン ダイジン ジーツァン マ
Néng dàijìn jīcāng ma?

単語：旅の必需品

パスポート	护照	hùzhào	フーチャオ
ビザ	签证	qiānzhèng	チエンチョン
搭乗券	登机牌	dēngjīpái	ドンジーパイ
カメラ	照相机	zhàoxiàngjī	チャオシャンジー
財布	钱包	qiánbāo	チエンパオ
ガイドブック	旅游册子	lǚyóu cèzi	リュィヨウ ツァーツ

気軽にアクセス――乗り物編

単語：空港

日本語	中文	ピンイン	カナ
空港	机场	jīchǎng	ジーチャン
飛行機	飞机	fēijī	フェイジー
出発ロビー	出发大厅	chūfā dàtīng	チューファー ダーティン
到着ロビー	候机大厅	hòujī dàtīng	ホウジー ダーティン
セキュリティーチェック	安全检查	ānquán jiǎnchá	アンチュエン ジエンチャー
税関	海关	hǎiguān	ハイグアン
検疫	检疫	jiǎnyì	ジエンイー
チェックインカウンター	登记柜台	dēngjì guìtái	ドンジー グイタイ
搭乗口	登机口	dēngjīkǒu	ドンジーコウ
ロッカー	存放箱	cúnfàngxiāng	ツンファンシャン
トイレ	洗手间	xǐshǒujiān	シーショウジエン
遺失物取扱所	失物招领处	shīwù zhāolǐngchù	シーウー ジャオリンチュウ
案内所	问讯处	wènxùnchù	ウェンシュンチュウ
待合室	候机厅	hòujītīng	ホウジーティン
免税店	免税店	miǎnshuìdiàn	ミエンシュイディエン
乗り継ぎカウンター	转机办票处	zhuǎnjī bànpiàochù	ジュアンジー バンピャオチュウ
レストラン	餐厅	cāntīng	ツァンティン
両替所	兑换处	duìhuànchù	ドゥイホアンチュウ

❸ 機内にて

お飲み物は何になさいますか
您 要 什么 饮料？
Nín yào shénme yǐnliào?
(ニン ヤオ シェンマ インリャオ)

何がありますか
都 有 什么？
Dōu yǒu shénme?
(ドウ ヨー シェンマ)

ミネラルウォーターをください
我 要 矿泉水。
Wǒ yào kuàngquánshuǐ.
(ウォー ヤオ クアンチュエンシュイ)

暖かい飲みものはありますか
有 热的 饮料 吗？
Yǒu rè de yǐnliào ma?
(ヨー ルーダ インリャオ マ)

この荷物を置いてください
请 帮我 放 一下 这个 行李。
Qǐng bāngwǒ fàng yíxià zhèige xíngli.
(チン バンウォー ファン イーシャ チェイガ シンリ)

ブランケットをください
请 给我 毛毯。
Qǐng gěi wǒ máotǎn.
(チン ゲイウォー マオタン)

入国カードをください
请 给我 入境卡。
Qǐng gěi wǒ rùjìngkǎ.
(チン ゲイウォー ルージンカー)

119

気軽にアクセス──乗り物編

シートを倒してもいいですか	可以 倒 一下 椅子 吗？ Kěyǐ dǎo yíxià yǐzi ma?
イヤホンが壊れています	耳机 坏 了。 Ěrjī huài le.
この便は定時に着きますか	这次 航班 准时 到达 吗？ Zhècì hángbān zhǔnshí dàodá ma?
何時に着く予定ですか	到达 时间 是 几点？ Dàodá shíjiān shì jǐdiǎn?
気分が悪いです	我 有点儿 不 舒服。 Wǒ yǒudiǎnr bù shūfu.
ゴミ袋をください	请 给我 垃圾袋。 Qǐng gěi wǒ lājīdài.
日本語の新聞はありますか	有 日语的 报纸 吗？ Yǒu Rìyǔ de bàozhǐ ma?

単語：飲み物

コーヒー	咖啡	kāfēi	カーフェイ
アイスコーヒー	冰镇咖啡	bīngzhèn kāfēi	ビンジェン カーフェイ
紅茶	红茶	hóngchá	ホンチャア
アイスティー	冰镇红茶	bīngzhèn hóngchá	ビンジェン ホンチャア
緑茶	绿茶	lǜchá	リュィチャア
ミルク	牛奶	niúnǎi	ニュウナイ
烏龍茶	乌龙茶	wūlóngchá	ウーロンチャア
オレンジジュース	橙汁	chéngzhī	チェンジー
りんごジュース	苹果汁	píngguǒzhī	ピングオジー
コーラ	可乐	kělè	クーラー
サイダー	汽水	qìshuǐ	チーシュイ
スプライト	雪碧	xuěbì	シュエピー
シャンパン	香槟酒	xiāngbīnjiǔ	シャンピンジュウ
赤ワイン	红葡萄酒	hóngpútaojiǔ	ホンプータオジュウ
白ワイン	白葡萄酒	báipútaojiǔ	バイプータオジュウ
ビール	啤酒	píjiǔ	ピージュウ
ミネラルウォーター	矿泉水	kuàngquánshuǐ	クアンチュエンシュイ
コンソメスープ	清汤	qīngtāng	チンタン

④ 入国審査

パスポートを見せてください
看一下护照。
Kàn yíxià hùzhào.

入国の目的は何ですか
入境目的是什么？
Rùjìng mùdì shì shénme?

観光です
观光。
Guānguāng.

何日滞在しますか
逗留几天？
Dòuliú jǐtiān?

5日間です
五天。
Wǔ tiān.

どこに宿泊しますか
你住哪里？
Nǐ zhù nǎli?

このホテルです
住这个饭店。
Zhù zhèige fàndiàn.

⑤ 手荷物引き取り

荷物が見つかりません
行李 找不到 了。
Xíngli zhǎobudào le.
(シンリ チャオブダオ ラ)

どのような荷物ですか
什么样 的 行李？
Shénmeyàng de xíngli?
(シェンマヤン ダ シンリ)

荷物引取票です
这 是 行李牌。
Zhè shì xínglipái.
(チェー シー シンリーパイ)

連絡を必ず下さい
请 一定 跟 我 联系。
Qǐng yídìng gēn wǒ liánxi.
(チン イーディン ゲン ウォー リエンシー)

このホテルに泊まっています
我 住在 这个 饭店。
Wǒ zhùzài zhèige fàndiàn.
(ウォー ジュウザイ チェイガ ファンディエン)

単語：手荷物

日本語	中国語	ピンイン	カナ
スーツケース	旅行箱	lǚxíngxiāng	リュィシンシャン
ハンドバッグ	手提包	shǒutíbāo	ショウティーバオー
ショルダーバッグ	挎包	kuàbāo	クアバオー
ボストンバッグ	旅行袋	lǚxíngdài	リュィシンダイ
リュックサック	背包	bēibāo	ベイバオー
トートバッグ	购物袋	gòuwùdài	ゴウウーダイ

気軽にアクセス──乗り物編

⑥ 税関にて

申告する物は
ありますか
有 申报品 吗？
Yǒu shēnbàopǐn ma?

あります
／ありません
有。／ 没有。
Yǒu. Méiyǒu.

これは何ですか
这 是 什么？
Zhè shì shénme?

これを開けて
見せてください
请把 这个 打开 看看。
Qǐng bǎ zhèige dǎkāi kànkan.

友人への
おみやげです
这 是 送给 朋友的 礼品。
Zhè shì sònggěi péngyou de lǐwù.

全て身の回りの
ものです
全 是 随身 用品。
Quán shì suíshēn yòngpǐn.

これは課税と
なります
这个 需要 上税。
Zhèige xūyào shàngshuì.

124

7 両替

人民元に交換してください
请把这个换成人民币。
Qǐng bǎ zhèige huànchéng Rénmínbì.

手数料はかかりますか
要手续费吗?
Yào shǒuxùfèi ma?

パスポートを出してください
请出示护照。
Qǐng chūshì hùzhào.

ここにサインをしてください
请在这儿签字。
Qǐng zài zhèr qiānzì.

小銭も少し下さい
请给我一些零钱
Qǐng gěi wǒ yìxiē língqián.

計算違いのようですが
好像算错了。
Hǎoxiàng suàncuò le.

確認してくれますか
能不能确认一下?
Néngbunéng quèrèn yíxià?

125

気軽にアクセス——乗り物編

⑧ バスに乗る

リムジンバス乗り場はどこですか
机场 班车站 在 那儿？
ジーチャン バンチャーチャン ザイ ナール
Jīchǎng bānchēzhàn zài nǎr?

どれが2番バスの乗り場ですか
哪个 是 二路 公交车站？
ネイガ シー アルルー コンジャオチャーチャン
Něige shì èrlù gōngjiāochēzhàn?

上海駅まで一枚です
上海站 一张。
シャンハイチャン イーチャン
Shànghǎizhàn yìzhāng.

着いたら教えてください
到 那里 请 告诉我 一下。
ダオ ナーリ チン ガオス ウォー イーシャア
Dào nàli qǐng gàosu wǒ yíxià.

単語：乗り物

日本語	中国語	ピンイン	カナ
タクシー	出租汽车	chūzūqìchē	チューズーチーチャー
バス	公交车	gōngjiāochē	コンジャオチャー
電車	电车	diànchē	ディエンチャー
汽車	火车	huǒchē	フオチャー
バイク	摩托车	mótuōchē	モートゥオーチャー
自転車	自行车	zìxíngchē	ズーシンチャー
自動車	汽车	qìchē	チーチャー
地下鉄	地铁	dìtiě	ディーティエ
リニアモーターカー	磁浮车	cífúchē	ツーフーチャー

❾ 列車に乗る

切符はどこで買えますか	在 哪儿 买 车票？ Zài nǎr mǎi chēpiào?
時刻表はありますか	有 时刻表 吗？ Yǒu shíkèbiǎo ma?
西安までの切符をください	要 到 西安的 车票。 Yào dào Xī'ān de chēpiào.
一等寝台切符をください	给我 软卧 票。 Gěi wǒ ruǎnwò piào.
何時の列車ですか	你 要 几点的 车？ Nǐ yào jǐdiǎn de chē?
八時発の列車にしてください	我 要 八点 出发的。 Wǒ yào bādiǎn chūfā de.
個室ならなおいいです	有 包厢 更 好。 Yǒu bāoxiāng gèng hǎo.

気軽にアクセス——乗り物編

売り切れです
卖完 了。
Màiwán le.

次の列車の切符はありますか
下 一次车 的 票 有 吗？
Xià yícì chē de piào yǒu ma?

どの列車なら買えますか
哪个 车的 票 还 能 买到？
Něige chē de piào hái néng mǎidào?

上段（下段）にしてください
我 要 上铺（下铺）。
Wǒ yào shàngpù (xiàpù)

快速はありますか
有 快车 吗？
Yǒu kuàichē ma?

二等寝台でもいいです
硬卧 也 可以。
Yìngwò yě kěyǐ.

日本語	中国語	ピンイン
チケットを見せてください	给我看看车票。	Gěi wǒ kànkan chēpiào.
待合室はどこですか	候车室在哪儿？	Hòuchēshì zài nǎr?
ただいまより改札を始めます	现在开始检票。	Xiànzài kāishǐ jiǎnpiào.
席を交換していただけますか	可以换座位吗？	Kěyǐ huàn zuòwèi ma?
私の席です	这是我的座位。	Zhè shì wǒ de zuòwèi.
食堂車はどこですか	餐车在哪儿？	Cānchē zài nǎr?

カタカナ読み:
- ゲイウォー カンカン チャーピャオ
- ホウチャーシー ザイ ナール
- シエンザイ カイシー ジエンピャオ
- カーイー ホアン ズオウェイ マ
- チェー シー ウォーダ ズオウェイ
- ツァンチャー ザイ ナール

気軽にアクセス——乗り物編

❿ タクシーに乗る

ホテル｜ショッピング｜癒し｜飲食｜エンタメ｜**乗り物**｜コミュニケーション｜トラブル

トランクに荷物を入れてください
チン バー　シンリ　ファンダオ　チャーホウシャン リ
请把 行李 放到 车后箱里。
Qǐng bǎ xíngli fàngdào chēhòuxiāng li.

どこまでいきますか
ニン　チュイ　ナール
您 去 哪儿？
Nín qù nǎr?

和平飯店へ行ってください
チュイ　ホォーピン　ファンディエン
去 和平 饭店。
Qù Hépíng Fàndiàn.

いくらくらいかかりますか
ヤオ ドゥオシャオ チエン
要 多少 钱？
Yào duōshao qián?

どれくらい時間がかかりますか
ヤオ ドゥオチャン シージエン
要 多长 时间？
Yào duōcháng shíjiān?

一人先に降ります
シエン　シャア　イーガレン
先 下 一个人。
Xiān xià yígerén.

| 着きましたよ | 到了。
Dào le. |

| ここで降ろしてください | 让我在这儿下车。
Ràng wǒ zài zhèr xiàchē. |

| ここで待っていてください | 请在这儿等一会儿。
Qǐng zài zhèr děng yíhuìr. |

| まだ着きませんか | 还不到吗？
Hái búdào ma? |

空港のタクシー事情

　北京、上海などの空港では、タクシー乗り場で係員が配車に立ち、行き先をドライバーに告げてくれます。地方の空港や駅などでは、まだ白タク（無免許・メーターなしのタクシー）が声をかけてくることがありますので、相手にせず、必ずメーター付のタクシーに乗るようにしましょう。空港内で親切にして安心させてからタクシーに一緒に乗って道案内をすると言う人にも要注意です。

気軽にアクセス——乗り物編

気分が悪いです 我 不 舒服。
Wǒ bù shūfu.

止まってください 请 停车。
Qǐng tíngchē.

最寄りの駅まで行ってください 去 离 这儿 最近的 车站。
Qù lí zhèr zuì jìn de chēzhàn.

急いでください 请 快 一点儿。
Qǐng kuài yìdiǎnr.

ゆっくり走ってください 请 开 慢 一点儿。
Qǐng kāi màn yìdiǎnr.

道が違います 不是 这个 马路。
Búshì zhèige mǎlù.

メーターが早すぎます 计程表 打得 太 快。
Jìchéngbiǎo dǎ de tài kuài.

日本語	中国語	ピンイン
チャーターしたいのですが	我 想 包车。	Wǒ xiǎng bāochē.
何時間チャーターしますか？	包 几个 小时？	Bāo jǐge xiǎoshí?
半日500元です	半天 五百 块。	Bàntiān wǔbǎi kuài.
一日800元です	一天 八百 块。	Yìtiān bābǎi kuài.

読みガナ：
- ウォー シャン パオチャー
- バオ ジーガ シャオシー
- バンティエン ウーバイ クアイ
- イーティエン バーバイ クアイ

タクシーを快適に利用するには？

　この数年の国を挙げてのマナー向上作戦が功を奏し、タクシーの質はずいぶん上がりました。競争や管理監督は厳しく、車内には必ずクレーム先の電話番号が分かるように張ってあります。タクシーのランク付けが進み、5つ星のタクシーも現れました。

　街中には流しのタクシーがたくさん走っていますが、北京などの繁華街では、駐停車規制が厳しいところがあり、思うように乗れない場合もあります。言葉が通じず、事情をよく知らない旅行者が気持ちよく利用するなら、ホテルのタクシー乗り場がお勧めです。良いホテルほど中まで入れるタクシーは格上で、ホテルスタッフに行き先を言えば運転手に伝えてくれますので、より安心です。

　また、たとえ言葉が通じなくとも、運転手さんにはにこやかに毅然とした態度で接するようにしましょう。

気軽にアクセス——乗り物編

楽しい列車の旅

　広い中国大陸、飛行機でスッと飛べば速いですが、列車の旅も捨てがたいものです。路線毎に景色は違いますが、夕日に映える万里の長城や満天の星が黒い大地に降り注ぐメルヘンチックな景色など、車窓を流れる大陸的な風景を眺めつつ列車に揺られるのは贅沢な時間です。

　列車の中は、てきぱき働く車掌さんや明るいスタッフのおかげで清潔で快適です。女性が旅するならば、やはりコンパートメントを選ぶのが一番ですが、取れない場合は普通の"軟臥（一等寝台）"でも十分です。

　車中ではお湯のサービスと、路線によってはお弁当やフルーツも配られます。車中とは思えないほど立派な料理を出す食堂車もありますし、カップ麺なども売っています。

人民元の両替と手数料

　中国ではこの数年は設備の改善、インフラの整備などに伴い、さまざまな物が値上がりしています。とはいえ物価は日本と比べたらまだまだ割安です。

　両替については、市内の銀行、ホテル、デパートの中の両替所、空港の銀行窓口や自動両替機など、基本的にどこでもレートは同じです。市内の銀行、ホテルでは手数料はかかりませんが、空港の両替窓口ではこの数年手数料を取るようになり、上海空港では一律５０元かかります。ホテルは夜でも両替ができますので便利です。

　帰国時に余った人民元は、紙幣に限り日本円に再両替ができますので、両替の明細表は大切に取っておきましょう。

PART III

**シーン別
役立ちフレーズ**

7. 中国人と話そう
　　──コミュニケーション編

中国人と話そう──コミュニケーション編

① ネットでつながる

ネットができるところはありますか
ヨー ノンシャンワン ダ ディーファン マ
有 能上网 的 地方 吗？
Yǒu néngshàngwǎng de dìfang ma?

インターネットカフェはどこですか
ワンバー ザイ ナール
网吧 在 哪儿？
Wǎngbā zài nǎr?

初めて来ました
ウォー ディーイーツ ライ
我 第一次 来。
Wǒ dì yī cì lái.

使い方がわかりません
ブージーダオ ゼンマ ヨン
不知道 怎么 用。
Bù zhīdào zěnme yòng.

名前を書いてください
チン ティエン イーシャア シンミン
请 填 一下 姓名。
Qǐng tián yíxià xìngmíng.

| 登録してください | 请 登记。
Qǐng dēngjì.
チン ドンジー |

| 1時間いくらですか | 一个 小时 多少 钱？
Yí ge xiǎoshí duōshao qián?
イーガ シャオシー ドゥオシャオ チエン |

| 日本語は打てますか | 能 打 日文 吗？
Néng dǎ Rìwén ma?
ノン ダー リーウェン マ |

単語：パソコン用語

日本語	中国語	ピンイン	カナ
インターネット	互联网	hùliánwǎng	フーリエンワン
プロバイダー	提供商	tígòngshāng	ティーゴンシャン
ネットへアクセス	上网	shàngwǎng	シャンワン
ホームページ	网站	wǎngzhàn	ワンチャン
メール	伊妹儿	yīmèir	イーメル
チャット	聊天儿	liáotiānr	リャオティアル
ダウンロード	下载	xiàzǎi	シャアザイ
ログイン	登录	dēnglù	ドンルー
ログアウト	注销	zhùxiāo	ジュウシャオー
インストール	安装	ānzhuāng	アンジュアン
添付ファイル	附件	fùjiàn	フージエン
フリーズ	死机	sǐjī	スージー

中国人と話そう——コミュニケーション編

❷ 出会い

ホテル / ショッピング / 癒し / 飲食 / エンタメ / 乗り物 / **コミュニケーション** / トラブル		

お会いできて嬉しいです
见到 您 很 高兴。
ジエンダオ ニン ヘン ガオシン
Jiàndào nín hěn gāoxìng.

私は日本人です
我 是 日本人。
ウォー シー リーベンレン
Wǒ shì Rìběnrén.

私は東京から来ました
我 从 东京 来 的。
ウォー ツォン ドンジン ライ ダ
Wǒ cóng Dōngjīng lái de.

私の名前は○○です
我 叫 ○○。
ウォー ジャオ
Wǒ jiào

どうぞよろしくお願いします
请 多 关照。
チン ドゥオー グアンチャオ
Qǐng duō guānzhào.

どちら様ですか	您 是 哪位？ ニン シー ナーウェイ Nín shì nǎwèi?
お名前は何ですか	您 叫 什么 名字？ ニン ジャオ シェンマ ミンズ Nín jiào shénme míngzi?
お名前は何とおっしゃるのですか	您 贵姓？ ニン グイシン Nín guìxìng?

親切で素朴な中国の人々

中国では人と人の繋がりが日本より深いようです。たとえば、一度出会って意気投合した人ならば、大切な友達としてとても大事にします。ですから、日本人が社交辞令で今度遊びに来てくださいと言ったら本当に来てびっくりという話しをよく聞きますが、実はそのびっくりが相手を傷つけることになりますので、気をつけたいものです。

また、田舎へ行くほど、道で困っている人がいたら、すぐに人だかりができ、皆で何とか助けようとする親切で素朴な人々に出会うことができます。小さなふれ合いも旅の醍醐味です。

中国人と話そう――コミュニケーション編

❸ 誘う

お時間ありますか
你 有 时间 吗?
Nǐ yǒu shíjiān ma?

あなたとおしゃべりしたいです
我 想 跟你 聊天儿。
Wǒ xiǎng gēn nǐ liáotiānr.

お友達になりたいです
我 想 跟你 交 朋友。
Wǒ xiǎng gēn nǐ jiāo péngyou.

お茶を飲みに行きませんか
能 一起 去 喝茶 吗?
Néng yìqǐ qù hēchá ma?

映画を見に行きませんか
能 一起 去看 电影 吗?
Néng yìqǐ qù kàn diànyǐng ma?

観光につきあってください
请 陪我 游览 一下。
Qǐng péi wǒ yóulǎn yíxià.

また会えますか
今后 能 再见面 吗?
Jīnhòu néng zàijiànmiàn ma?

❹ 断る

| 時間がありません | 没有 时间。
Méiyǒu shíjiān. (メイヨー シージエン) |

| 急いでいます | 我 很 急。
Wǒ hěn jí. (ウォー ヘン ジー) |

| ご一緒できません | 不能 一起 去。
Bù néng yìqǐ qù. (ブーノン イーチー チュイ) |

| 興味ありません | 没有 兴趣。
Méiyǒu xìngqu. (メイヨー シンチュ) |

| 予定があります | 我 有 预定。
Wǒ yǒu yùdìng. (ウォー ヨー ユーディン) |

| 出て行ってください | 请 出去。
Qǐng chūqu. (チン チューチュイ) |

| もう電話をしないでください | 不要 再 打 电话 了。
Búyào zài dǎ diànhuà le. (ブーヤオ ザイ ダー ディエンホア ラ) |

中国人と話そう──コミュニケーション編

日本語	中国語	ピンイン
あなたが嫌いです	我不喜欢你。	Wǒ bù xǐhuan nǐ.
今度機会があったら会いましょう	以后有机会再见。	Yǐhòu yǒu jīhuì zàijiàn.
もうお会いしません	我再不要见你了。	Wǒ zài búyào jiàn nǐ le.
付いて来ないでください	别跟我来。	Bié gēn wǒ lái.
やめてください	住手。	Zhùshǒu.
近寄らないでください	离我远点儿。	Lí wǒ yuǎn diǎnr.
警察を呼びますよ！	我要叫警察了。	Wǒ yào jiào jǐngchá le.

5 気持ちを伝える

| すてき！ | 真 好看。
Zhēn hǎokàn. |

| 美しいです | 真 美 啊。
Zhēn měi a! |

| きれいです | 很 漂亮。
Hěn piàoliang. |

| かわいい | 很 可爱。
Hěn kě ài. |

| かっこいい | 很 帅。
Hěn shuài. |

| すごい | 真 棒。
Zhēn bàng. |

| 素晴らしい | 好 极了。
Hǎo jí le. |

中国人と話そう──コミュニケーション編

| あなたがとても好きです | 我 很 喜欢 你。
Wǒ hěn xǐhuan nǐ. |

| また会いたいです | 我 还 想 见到 你。
Wǒ hái xiǎng jiàndào nǐ. |

| 楽しいです | 很 开心。
Hěn kāixīn. |

| 面白いですね | 很 好玩儿。
Hěn hǎowánr. |

女性の身の守り術！意思表示はキッパリと！

　旅先で出会った人と友情を築くのは素晴らしいことで、語学力のレベルアップや文化をより深く理解することにもつながります。身嗜みがよく洗練された（そう見える）裕福な国・日本の女性と知り合いになり、普通の友情以上を期待する男性もけっこういます。モデルさんのようにスタイルがよいイケメンも多いのが大陸です。あらぬ誤解を生まないために、意思表示はハッキリと！よく分かっていないのに笑顔を振りまくのも危険です。

　また、誘われても、よく知らない人とタクシーに乗ったり、密室や知らない場所へは付いていかない方が良いでしょう。どこの国でもよい人と悪い人がいますから、危険を察知する力も旅には必要です。

PART **III**

**シーン別
役立ちフレーズ**

**8. こんなときどうしたらいいの!?
——トラブル編**

こんなときどうしたらいいの！？——トラブル編

① 事故

| 助けてください | 救命啊！
Jiùmìng a! |

| 交通事故に遭いました | 我 遇到 交通 事故 了。
Wǒ yùdào jiāotōng shìgù le. |

| 車にはねられました | 我 被 车撞 了。
Wǒ bèi chēzhuàng le. |

| 足を骨折しました | 腿 骨折 了。
Tuǐ gǔzhé le. |

| 医者を呼んでください | 请 叫 医生。
Qǐng jiào yīshēng. |

| 病院に連れて行ってください | 请 带 我 去 医院。
Qǐng dài wǒ qù yīyuàn. |

| 警察を呼んでください | 请叫警察。
チン ジャオ ジンチャー
Qǐng jiào jǐngchá. |

| 応急処置をしてください | 请紧急救护。
チン ジンジー ジュウフー
Qǐng jǐnjí jiùhù. |

| 事故証明書を出してください | 请开事故证明书。
チン カイ シィーグー チョンミンシュー
Qǐng kāi shìgù zhèngmíngshū. |

| 緊急事態です | 这是紧急情况。
チェー シー ジンジー チンクアン
Zhè shì jǐnjí qíngkuàng. |

| ここを開けてください | 请打开这个。
チン ダーカイ チェイガ
Qǐng dǎkāi zhèige. |

| 火事です | 失火啦！
シーフオ ラ
Shīhuǒ la! |

こんなときどうしたらいいの！？——トラブル編

② 故障

カメラが壊れました	照相机 坏了。 Zhàoxiàngjī huài le.
修理できますか	能 修理 吗？ Néng xiūlǐ ma?
これは時間がかかります	这个 需要 时间。 Zhèige xūyào shíjiān.
電池を交換してください	请 给 换 电池。 Qǐng gěi huàn diànchí.
この電池をください	我 要 这个 电池。 Wǒ yào zhèige diànchí.
スーツケースが壊れました	旅行箱 被 弄坏 了。 Lǚxíngxiāng bèi nònghuài le.
弁償してください	请 赔偿。 Qǐng péicháng.

❸ 乗り遅れる

渋滞で列車に間に合いませんでした
因为 堵车 没 赶上 火车。
Yīnwèi dǔchē méi gǎnshàng huǒchē.

飛行機に乗り遅れました
我 没 赶上 飞机。
Wǒ méi gǎnshàng fēijī.

払い戻してください
请 帮 我 退票。
Qǐng bāng wǒ tuìpiào.

払い戻せません
退不了。
Tuìbuliǎo.

もう一度切符を買ってください
请 重新 买 票。
Qǐng chóngxīn mǎi piào.

なんとかなりませんか
有 什么 办法 吗？
Yǒu shénme bànfǎ ma?

どうしたらいいでしょうか
怎么 办 好？
Zěnme bàn hǎo?

149

こんなときどうしたらいいの！？——トラブル編

❹ 盗難

カバンを盗まれました	我的 提包 被人 偷走 了。 Wǒ de tíbāo bèirén tōuzǒu le.
財布を盗まれました	钱包 被人 偷走 了。 Qiánbāo bèirén tōuzǒu le.
どろぼう！	小偷儿！ Xiǎotōur!
捕まえて！	抓住！ Zhuāzhù!
警察を呼んでください	请 叫 警察。 Qǐng jiào jǐngchá.
警察署はどこですか	公安局 在 哪儿？ Gōng'ānjú zài nǎr?
盗難証明書を作ってください	请给 开 被盗 证明书。 Qǐng gěi kāi bèidào zhèngmíngshū.

5 紛失・忘れ物

部屋に置いた腕時計がありません
放在 房间里的 手表 没了。
Fàngzài fángjiānli de shǒubiǎo méi le.

パスポートをなくしました
我的 护照 丢 了。
Wǒ de hùzhào diū le.

カバンをレストランに忘れました
我 把 提包 忘在 餐厅里 了。
Wǒ bǎ tíbāo wàngzài cāntīngli le.

探してくれませんか
能不能 帮我 找一找？
Néngbunéng bāng wǒ zhǎoyizhǎo?

日本大使館へはどう行きますか
去 日本 大使馆 怎么 走？
Qù Rìběn dàshǐguǎn zěnme zǒu?

タクシーの番号はこちらです
这是 出租汽车 的 号码。
Zhè shì chūzūqìchē de hàomǎ.

こんなときどうしたらいいの！？——トラブル編

⑥ 病気

病院を紹介してください
请 给 介绍 一下 医院。
Qǐng gěi jièshào yíxià yīyuàn.

薬はどこでもらえますか
在 哪儿 取药？
Zài nǎr qǔyào?

日本語ができる医者はいますか
有 会讲 日语的 大夫 吗？
Yǒu huì jiǎng Rìyǔ de dàifu ma?

アレルギー体質です
我 是 过敏 体质。
Wǒ shì guòmǐn tǐzhì.

下痢止めをください
给 我 止泻药。
Gěi wǒ zhǐxièyào.

旅行を続けられますか
能 继续 旅行 吗？
Néng jìxù lǚxíng ma?

何日くらいで治りますか
几天 能 好？
Jǐtiān néng hǎo?

入院が必要ですか	需要 住院 吗？ Xūyào zhùyuàn ma?

シューヤオ ジュウユエン マ

診断書を出してください	请给 开 诊断书。 Qǐng gěi kāi zhěnduànshū.

チンゲイ カイ ジェンドゥアンシュー

日本に帰ってから治療します	我 回日本后再治病。 Wǒ huí Rìběn hòu zài zhìbìng.

ウォー ホイ リーベン ホウ ザイ ジービン

単語：病気・怪我の症状

風邪	感冒	gǎnmào	ガンマオ
発熱	发烧	fāshāo	ファーシャオー
下痢	拉肚子	lā dùzi	ラードゥーズ
消化不良	消化不良	xiāohuà bùliáng	シャオホアー プーリャン
やけど	烫伤	tàngshāng	タンシャン
炎症	炎症	yánzhèng	イェンチョン
骨折	骨折	gǔzhé	グージャー
擦り傷	擦伤	cāshāng	ツァーシャン
出血	出血	chūxuè	チューシュエ
貧血	贫血	pínxuè	ピンシュエ
めまい	头晕	tóuyūn	トウユン
嘔吐	呕吐	ǒutù	オウトゥー

中国基礎データ

①人口
中国の人口は、13億2129万人（2007年統計）で、世界でもっとも多い。内女性の割合は48.5%、都市部の人口は44.9%である。人口の91.6%が漢民族で、他に55の少数民族がある。1979年より実施している一人っ子政策は、少数民族は対象外。また夫婦二人とも一人っ子の場合は二人まで出産が認められている。

②面積
面積は約960万km²。ロシア、カナダに次いで世界3番目。東西約5200km、南北約5500km、日本の約26倍の広さである。

③宗教
宗教の信仰は自由。仏教、道教、イスラム教、キリスト教、チベット仏教など宗教を信仰する人は1億人以上にのぼる。

④気候
国土が広く標高差も大きいため、地域によって気候は大きく異なるが、多くの地域では日本と同様に四季がある。東北部は、夏は短いが過ごしやすく、冬は極寒で長い。西北部は、年間を通して雨が少なく乾燥し、夏の昼間は高温だが昼夜の温度差が大きく、冬は長くて寒い。西部は年間を通して乾燥し、夏も気温が低い。南部は一年中暖かく湿度もある。渡航時は、都市別気温をよく確認すると良い。

⑤電圧と電気プラグ形状
電圧は220v。日本国内用100v対応の電化製品を使う場合は、変圧器が必要である。海外向け製品（240v）ならそのまま使うことができる。電気プラグは、A型B型C型の他に数種類あり、場所によって異なるため、形状が変えられる汎用型のアダプターを持って行くと便利である。

⑥日本の時差
時差は日本よりマイナス1時間。中国は西と東で実質2〜3時間の時差があるが、全国で北京時間を基準としている。北京から2400ｋｍ以上離れた新疆地域では、現地時間を使用している。北京時間AM 9時が新疆地域ではAM7時。

⑦電話のかけ方
中国から日本へかける場合

例：03-3311-1234、090-4321-1234へかける

〈ホテルから一般電話へ〉
00 ― 00 ― 81 ―3― 3311 ― 1234
外線番号　国際コード　国（日本）番号　　電話番号

〈ホテルから携帯電話へ〉
00 ― 00 ― 81 ―90― 4321 ― 1234
外線番号　国際コード　国（日本）番号　　電話番号

　各電話会社のダイヤルサービスやコレクトコール、割安な電話カードを利用するかけ方もあるが、短期滞在ならホテルからかけるのが便利である。

● ● ● 知っておきたい中国情報

中国基礎データ

⑧警察・救急
警察 110、交通事故 122、救急車 120、火事 119
電話番号調べ 114

⑨数字
1	2	3	4	5	6	7	8	9	10
※イー	アル	サン	スー	ウー	リウ	チー	パー	ジュウ	シー

11	12	13	･･･	20	･･･	100	･･･	1000	･･･	10000
シーイー	シーアル	シーサン		アルシー		イーバイ		イーチエン		イーワン

一百万　　一千万　　一億（1億）
イーバイワン　イーチエンワン　イーイー

※口頭で電話番号などを表わすとき、「ヤオ」と発音。

⑩お金
中国のお金は、元（圓）、角、分で表します。
1元＝10角＝100分で、1元は約14円(2008年12月現在)。
口語では、元を块（クアイ）、角を毛（マオ）という。

　15元8角　→【口語】15　　块　　8　　毛
　　　　　　　　　　シーウー クアイ　パー　　マオ

100元（百元）→【口語】100　块　（一百块）
　　　　　　　　　　　イーバイ クアイ

⑪日付
年号は、数字を一つずついう。
2009年1月1日 → ２００９　年　１月１号
　　　　　　　 アル リン リン ジュウ ニエン イーユエ イーハオ

⑫時間
時間の単位は、**小时**（シャオシー）,**分**（フェン）,**秒**（ミャオ）で表す。
1 時間 → 1 个小时　イーガ シャオシー（=60 分）
1 分　 → 1 分　イーフェン（=60 秒）　1 秒　イーミャオ

⑬時刻
「○時○分」は「○点（ディエン）○分（フェン）」で表す。
　　　　　　6 時　 →　六点　　リウディエン
　　　　　　10 時半 →　十点半　シーディエン

⑭言語
　中国語は「汉语」（漢語）という中国の人口の 91.6％を占める漢民族の言葉で、中国大陸、香港、台湾の他シンガポールなどでも使われている。日本の 26 倍の広さがある中国では、大きく 7つの方言に分かれている（北方方言、呉方言、湘方言、贛方言、客家方言、粤方言、閩方言）。
　そこで、全国共通の言葉として、1955 年に「普通話」が北京など北方の言葉をベースに制定され、学校教育、公共放送などで使われている。「普通話」ができれば、基本的に中国全域を旅することができる。

⑮文字（繁体字と簡体字）
　かつて中国の漢字は画数の多い繁体字のみで、学習環境の整わない人々の識字率は低いものであった。そこで 1956 年より繁体字を簡略化した「簡体字」がつくられ、一般に使われるようになった。経済が発展した現在では、商店の名前などで繁体字がまたよく使われるようになり、中国の街では、繁体字と簡体字の両方を目にすることができる。台湾、香港、シンガポールなどでは繁体字が主に使われている。

プチ中国語講座

中国語文型の特徴

1. 一文字でも文になる
2. 人称や時制による動詞・形容詞の語尾変化がない
   （現在・過去・未来の変化は、助詞や補語で表す）
3. 主語は話題のものなら何でもなれる
4. 述語は動詞・形容詞・名詞でもなれる
5. 基本文型は英語と同じ形
   S（主語）＋ V（動詞）＋ O（目的語）
6. 肯定、否定、疑問文でも語順は変わらない

基本の語順

【〜は〜する】

主語	＋	動詞
她		去。 （彼女は行く。）
（彼女）		（行く）

【〜は〜を（へ）〜する】

主語	＋	動詞	＋	目的語
她		去		北京。（彼女は北京へ行く。）
（彼女）		（行く）		（北京）

【〜は〜だ】

主語	＋	形容詞
北京奥运		有意思。 （北京オリンピックはおもしろい。）
（北京オリンピック）		（おもしろい）

＊明日、昨日などの時間詞は主語の前か後ろにいれます。

主語	＋	時間詞	＋	動詞	＋	目的語
她		明天		去		北京。（彼女は明日北京へ行く。）
（彼女）		（明日）		（行く）		（北京）

*疑問文でも語順は変わらない。YesかNoかを知りたいなら「吗」(〜ですか)を語尾につける。誰が行くのかを知りたいなら、「她」(彼女)を「谁」(だれ)に置き換えればよい。

她去<u>吗</u>？　　她去北京<u>吗</u>？　　<u>谁</u>明天去北京？

● 代名詞

	単数	複数
私	我	我们
あなた	你，您（尊称）	你们
彼	他	他们
彼女	她	她们
それ	它	它们

● よく使う疑問詞

いつ	什么时候	誰	谁
どこ	哪儿	何	什么
どのように	怎么	いくつ	几个
どれくらい	多少	どれ	哪个

四つの声調と漢字音の表し方

四つの声調：一つの音に四つの声調があり、それぞれに違う意味を表わすので、発音では気をつけたいところである。

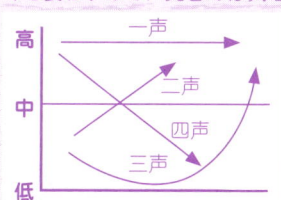

一声　妈 mā　（お母さん）
二声　麻 má　（麻）
三声　马 mǎ　（馬）
四声　骂 mà　（ののしる）

拼音（ピンイン）：漢字の音はローマ字を使った発音記号で表わす。

ホテル

ホテル	饭店 fàndiàn	予約	预订 yùdìng
チェックイン	住房登记 zhùfáng dēngjī	チェックアウト	退房 tuìfáng
クレジットカード	信用卡 xìnyòngkǎ	現金	现金 xiànjīn
デポジット	押金 yājīn	明細表	清单 qīngdān
パスポート	护照 hùzhào	両替	换钱 huànqián
朝食	早餐 zǎocān	夕食	晚餐 wǎncān
部屋	房间 fángjiān	ルームキー	钥匙 yàoshi
荷物	行李 xíngli	禁煙	禁烟 jìnyān
貴重品ボックス	保险柜 bǎoxiǎnguì	ロビー	大厅 dàtīng
フロント	前台 qiántái	レストラン	餐厅 cāntīng
お手洗い	洗手间 xǐshǒujiān	シャワー	淋浴 línyù
非常口	紧急出口 jǐnjí chūkǒu	掃除	打扫 dǎsǎo
モーニングコール	叫早(服务) jiàozǎo (fúwù)	ルームサービス	送餐(服务) sòngcān (fúwù)

ショッピング

値段	ジャーガー **价格** jiàgé	日本円	リーユエン **日元** Rìyuán
安い	ピエンイ **便宜** piányi	高い	グイ **贵** guì
レジ	ショウインタイ **收银台** shōuyíntái	おつり	リンチエン **零钱** língqián
在庫	ツンフオ **存货** cúnhuò	プレゼント	リーウー **礼物** lǐwù
ラッピング	バオジュアン **包装** bāozhuāng	手提げ袋	ショウティーダイ **手提袋** shǒutídài
試着室	シーチュアンジエン **试穿间** shìchuānjiān	試着	シーチュアン **试穿** shìchuān
返品	トゥイフオ **退货** tuìhuò	チャイナドレス	チーパオ **旗袍** qípáo
洋服	イーフ **衣服** yīfu	アクセサリー	ジュアンシーピン **装饰品** zhuāngshìpǐn
特産品	テェーチャン **特产** tèchǎn	サイズ	チーツン **尺寸** chǐcùn
オーダーメイド	ディンズオ **定做** dìngzuò	流行り	リウシン **流行** liúxíng
きつい	ショウ **瘦** shòu	ゆるい	フェイ **肥** féi
大きい	ダー **大** dà	小さい	シャオ **小** xiǎo
長い	チャン **长** cháng	短い	ドゥアン **短** duǎn

エステ

メニュー	服务单 フーウーダン fúwùdān	化粧品	化妆品 ホアジュアンピン huàzhuāngpǐn
エステ	美容 メイロン měiróng	マッサージ	按摩 アンモー ànmó
顔	脸 リエン liǎn	全身	全身 チュエンシェン quánshēn
弱く	轻 チン qīng	強く	加重 ジャーチョン jiāzhòng
チップ	小费 シャオフェイ xiǎofèi	延長する	延长 イェンチャン yáncháng
生理	月经 ユエジン yuèjīng	妊娠	怀孕 ホアイユン huáiyùn

コミュニケーション

ネット	上网 シャンワン shàngwǎng	ネットカフェ	网吧 ワンバー wǎngbā
日本語	日语 リーユィー Rìyǔ	日本人	日本 リーベン Rìběn
名前	名字 ミンズ míngzi	電話	电话 ディエンホア diànhuà
メール	伊妹儿 イーメル yīmèir	友達	朋友 ポンヨウ péngyou
好き	喜欢 シーホアン xǐhuan	嫌い	讨厌 タオイェン tǎoyàn

飲食

禁煙席	ジンイェンズオ **禁烟座** jìnyānzuò	喫煙席	シーイェンズオ **吸烟座** xīyānzuò
メニュー	ツァイダン **菜单** càidān	オーダー	ディエンツァイ **点菜** diǎncài
お勧め料理	チャオパイツァイ **招牌菜** zhāopáicài	箸	クアイズ **筷子** kuàizi
とり皿	ディエズ **碟子** diézi	取り換える	ホアン **换** huàn
会計	ジエチャン **结帐** jiézhàng	お手洗い	シーショウジエン **洗手间** xǐshǒujiān
試食	シーチャン **试尝** shìcháng	試飲	シーイン **试饮** shìyǐn
紙ナプキン	ツァンジン **餐巾** cānjīn	水	シュイ **水** shuǐ
お茶	チャアシュイ **茶水** cháshuǐ	ビール	ピージュウ **啤酒** píjiǔ
カクテル	ジーウェイジュウ **鸡尾酒** jīwěijiǔ	野菜	シューツァイ **蔬菜** shūcài
肉	ロウ **肉** ròu	魚	ユィー **鱼** yú
フルーツ	シュイグオ **水果** shuǐguǒ	デザート	ディエンシン **点心** diǎnxīn
食後	ファンチエン **饭前** fàn qián	食前	ファンホウ **饭后** fàn hòu
薬膳料理	ヤオシャン **药膳** yàoshàn	精進料理	スーツァイ **素菜** sùcài

観光 & エンタメ

大人	大人 dàrén （ダーレン）	子供	小孩儿 xiǎoháir （シャオハル）
割引	优惠 yōuhuì （ヨウホイ）	写真	照相 zhàoxiàng （チャオシャン）
フラッシュ	闪光灯 shǎnguāngdēng （シャングアンドン）	撮影禁止	禁止拍照 jìnzhǐ pāizhào （ジンジー パイチャオ）
ツアー	旅游团 lǚyóutuán （リュィヨウトアン）	ガイド	导游 dǎoyóu （ダオヨウ）
音声ガイド	语音导览 yǔyīn dǎolǎn （ユィイン ダオラン）	観光バス	旅游车 lǚyóuchē （リュィヨウチャー）
観光名所	游览胜地 yóulǎn shèngdì （ヨウラン ションディー）	世界遺産	世界遗产 shìjiè yíchǎn （シージエ イーチャン）
京劇	京剧 jīngjù （ジンジュィー）	雑技	杂技 zájì （ザージー）
バー	酒吧 jiǔba （ジュウバ）	カフェ	茶馆 cháguǎn （チャアグアン）
カラオケ	卡拉OK kǎlāOK （カーラーオーケー）	チケット	票 piào （ピャオ）
開演	开演 kāiyǎn （カイイェン）	終演	结束 jiéshù （ジエシュウ）
前売り券	预售票 yùshòupiào （ユーショウピャオ）	当日券	当天的票 dāngtiān de piào （ダンティエン ダ ピャオ）
地図	地图 dìtú （ディートゥー）	パンフレット	节目单 jiémùdān （ジエムーダン）
変更	改变 gǎibiàn （ガイビエン）	キャンセル	取消 qǔxiāo （チュイシャオ）

乗り物

乗る	シャンチャー 上车 shàngchē	降りる	シャアチャー 下车 xiàchē
出発時刻	チューファー シージエン 出发时间 chūfā shíjiān	到着時刻	ダオダー ジージエン 到达时间 dàodá shíjiān
片道切符	ダンチェンピャオ 单程票 dānchéngpiào	往復切符	ワンファンピャオ 往返票 wǎngfǎnpiào
空席	コンズオ 空座 kòngzuò	満席	マンズオ 满座 mǎnzuò
リコン ファーム	チュエレン ズオウェイ 确认座位 quèrèn zuòwèi	航空券	ジーピャオ 机票 jīpiào
切符	チャーピャオ 车票 chēpiào	切符売場	ショウピャオチュウ 售票处 shòupiàochù
バス	ゴンジャオチャー 公交车 gōngjiāochē	リムジンバス	ジーチャン バンチャー 机场班车 jīchǎng bānchē
電車	ディエンチャー 电车 diànchē	汽車	フオチャー 火车 huǒchē
地下鉄	ディーティエ 地铁 dìtiě	自動車	チーチャー 汽车 qìchē
タクシー	チューズー チーチャー 出租汽车 chūzū qìchē	チャーター	バオチャー 包车 bāochē
飛行機	フェイジー 飞机 fēijī	時刻表	シークーピャオ 时刻表 shíkèbiǎo
待合室	ホウチャーシー 候车室 hòuchēshì	駅	チャージャン 车站 chēzhàn
早く	クアイ 快 kuài	ゆっくり	マン 慢 màn

トラブル

交通事故	交通事故 ジャオトン シーグー jiāotōng shìgù	盗難	失盗 シーダオ shīdào
紛失	遺失 イーシー yíshī	証明書	証明書 チョンミンシュー zhèngmíngshū
火事	失火 シーフオ shīhuǒ	修理	修理 シウリー xiūlǐ
弁償	賠償 ペイチャン péicháng	渋滞	堵車 ドゥーチャー dǔchē
壊れる	坏 ホアイ huài	払い戻す	退票 トゥイピャオ tuìpiào
道に迷う	迷路 ミールー mílù	警察署	公安局 ゴンアンジュイー gōng'ānjú
バッグ	提包 ティーバオー tíbāo	財布	钱包 チエンバオー qiánbāo
番号	号碼 ハオマー hàomǎ	日本大使館	日本大使馆 リーベン ダーシーグアン Rìběn dàshǐguǎn
病院	医院 イーユエン yīyuàn	薬	药 ヤオ yào
診断書	診断书 ジェンドアンシュー zhěnduànshū	応急処置	緊急救护 ジンジー ジュウフー jǐnjí jiùhù
緊急事態	緊急情况 ジンジー チンクアン jǐnjí qíngkuàng	アレルギー体質	过敏体质 グオミン ティージー guòmǐn tǐzhì
けが	受伤 ショウシャン shòushāng	腹痛	肚子疼 ドゥーズ トン dùzi téng
発熱	发烧 ファーシャオー fāshāo	頭痛	头疼 トウトン tóuténg

- 表紙デザイン　株式会社 三田プロセス製版所
- 本文デザイン　萩守 麻美

レディのための旅する中国語会話

2009年3月1日　初版発行

著者　山口雪江
発行者　福岡靖雄
発行所　株式会社 金星堂
　　〒101-0051
　　東京都千代田区神田神保町3-21
　　Tel：03-3263-3828
　　Fax：03-3263-0716
　　E-mail：text@kinsei-do.co.jp
　　URL：http://www.kinsei-do.co.jp

編集担当　佐藤貴子
印刷・製本　三協印刷

乱丁・落丁本はお取り替え致します。
ISBN978-4-7647-0681-1　C1087
Ⓒ Yukie Yamaguchi 2009
Printed in Japan　2-00-0681

好評既刊

こんなとき一言でいえる 中国語決まり文句集 CD付き

安念一郎・野村邦近[著] 四六判・190頁 1,890円(税込)

本書の内容
- 第一部：中国語の基礎知識
- 第二部：ことばとあいさつ
- 第三部：感情表現
- 第四部：家庭と生活
- 第五部：趣味と観光
- 第六部：働く場面で

― 基礎から応用まで ― もっとのばせる中国語 CD付き

楊 凱栄[著] A5判・180頁 1,995円(税込)

本書の内容

基礎編：
　必ず知っておくべき基本文型

発展編：
　基本表現を広げる重要要素

実力編：
　より充実した重要構文

応用編：
　表現を豊かにするいろいろな構文

(株)金星堂 KINSEIDO

〒101-0051 東京都千代田区神田神保町3-21
TEL.03-3262-3828　FAX.03-3263-0716
URL http://www.kinsei-do.co.jp　E-mail text@kinsei-do.co.jp